高职高专经管专业十三五规划教材

审计学基础

● 主　编　朱　云
● 参　编　向璐璐　蒋思源　李永康　宋　琴　杨冰清

WUHAN UNIVERSITY PRESS
武汉大学出版社

图书在版编目(CIP)数据

审计学基础/朱云主编.—武汉：武汉大学出版社,2019.8
高职高专经管专业十三五规划教材
ISBN 978-7-307-20481-2

Ⅰ.审…　Ⅱ.朱…　Ⅲ.审计学—高等职业教育—教材　Ⅳ.F239.0

中国版本图书馆 CIP 数据核字(2018)第 194004 号

责任编辑:范绪泉　黄河清　　责任校对:汪欣怡　　版式设计:汪冰滢

出版发行：**武汉大学出版社**　(430072　武昌　珞珈山)
(电子邮箱：cbs22@ whu.edu.cn　网址：www.wdp. com.cn)
印刷:湖北民政印刷厂
开本:720×1000　1/16　印张:12.5　字数:249 千字　插页:1
版次:2019 年 8 月第 1 版　2019 年 8 月第 1 次印刷
ISBN 978-7-307-20481-2　定价:35.00 元

前　言

编写教材难，写审计学教材更是不易。在自己的大学时代，很多学生不喜欢学审计，老师教审计也很头痛。因为审计内容抽象枯燥，老师难教，学生难学。而纵观审计学教材，每年有注册会计师考试的审计教材，各大知名高校也有自编的审计教材，面对纷繁的审计学课本，应该如何进行有特色的编写？我们结合高职院校财务会计专业自身特点，在多年企业财务工作经验的基础上最终编写了这本《审计学基础》。

本书内容主要有十章，分别是初识审计、审计相关法律规范、审计人员职业道德规范和注册会计师的法律责任、审计方法和审计程序、审计业务的承揽、审计证据以及审计工作底稿、审计策略、审计计划、审计重要性水平和审计风险、风险评估、风险应对、审计报告和审阅业务及其他特殊项目审计。教材着眼于学生的素质教育，紧密凸显高职教育的特质。

教材编写的特点：

1. 讲课式编写，方便教学。传统教材写作套路是从定义、分类到内容，审计教材的“死板”反映在课堂教学的表现就是学生听得昏昏欲睡，老师讲得精疲力竭，老师只是一个“传声机”。为了摆脱这一点，本教材构建新结构体系，即通过课前案例导入一个特定情境，再传授相应的知识点，并注重与学生们交流互动，吸引同学们的注意力来进行学习。最后再通过课后的练习，学生掌握知识点就变得相对容易了，为取得较好的课堂教学效果提供了保障。

2. 教材注重一定的趣味性。增强了教材的可读性，激发了学生们的学习兴趣。

3. 教材内容的新颖性。与注册会计师考试教材相比，针对广大高职学生，本教材在体系内容上有所变化，增加了新内容。精简了审计理论结构、审计概念体系等内容。

在此教材的编写过程中，我们参考了一些文献资料，在这里向这些作者表达衷心的感谢。本教材由朱云担任主编，由向璐璐、蒋思源、李永康、宋琴、杨冰清参与编写。

由于审计的相关准则随着经济环境的发展而变化，新的情况也会出现，另外，由于编者的精力和水平有限，不足之处在所难免，恳请同行和读者们批评斧正。

朱　云

2018 年 6 月

目 录

◎第一章 初识审计…………………………………………………………… 1
第一节 审计的起源和发展历程…………………………………………… 2
第二节 审计的基本知识…………………………………………………… 6
第三节 注册会计师和注册会计师事务所 ……………………………… 15

◎第二章 审计相关法律规范、审计人员职业道德规范和注册会计师的法律责任 ………………………………………………………………… 21
第一节 审计相关法律规范 ……………………………………………… 22
第二节 审计人员的职业道德规范 ……………………………………… 24
第三节 注册会计师的法律责任 ………………………………………… 33

◎第三章 审计方法和审计程序 ……………………………………………… 42
第一节 管理层认定和审计目标 ………………………………………… 43
第二节 审计方法 ………………………………………………………… 47
第三节 审计程序 ………………………………………………………… 48
第四节 审计范围 ………………………………………………………… 51

◎第四章 审计业务的承揽 …………………………………………………… 55
第一节 初步业务活动 …………………………………………………… 56
第二节 审计业务约定书 ………………………………………………… 59

◎第五章 审计证据以及审计工作底稿 ……………………………………… 66
第一节 审计证据 ………………………………………………………… 67
第二节 审计工作底稿 …………………………………………………… 75

第三节 审计档案 …… 81

◎第六章 审计策略、审计计划、审计重要性水平和审计风险 …… 87
第一节 审计策略 …… 88
第二节 审计计划的制订 …… 91
第三节 审计重要性水平 …… 93
第四节 审计风险 …… 100

◎第七章 风险评估 …… 108
第一节 风险评估的概况 …… 109
第二节 了解被审计单位的环境 …… 113
第三节 了解被审计单位的内部控制 …… 122
第四节 评估重大错报风险 …… 130

◎第八章 风险应对 …… 137
第一节 针对重大错报风险的应对措施和审计程序 …… 139
第二节 针对认定层次重大错报风险的进一步审计程序 …… 141
第三节 控制测试和实质性程序 …… 144

◎第九章 审计报告 …… 156
第一节 完成审计工作 …… 157
第二节 期后事项 …… 160
第三节 审计报告概述 …… 163
第四节 审计报告的类型 …… 170

◎第十章 审阅业务和其他特殊项目的审计 …… 178
第一节 财务报表审阅业务 …… 179
第二节 会计政策、会计估计变更和会计差错更正审计 …… 182
第三节 关联方交易审计 …… 185
第四节 首次接受委托对期初余额的审计 …… 188

◎参考文献 …… 194

第一章 初识审计

任务目标

1. 了解审计学的起源和发展历程；
2. 理解审计（国家审计、内部审计、注册会计师审计）的基本含义；
3. 掌握审计的分类、特征、职能作用、对象、方法；
4. 了解会计师事务所的几种组织形式及特点；
5. 了解我国的注册会计师制度。

【情景案例】

英国的“南海公司”成立于1711年，它成立的主要目的是便于英国政府对南美洲进行贸易扩张。主营业务是黑奴贸易和捕鲸。到了1718年，英国国家债务总额累积达到了3100万英镑。为了迅速筹集还债资金，不堪重负的英国政府作出了一个大胆的决定，把“南海公司”的股票卖给公众。

1719年，英国政府允许中奖债券与南海公司股票进行转换。同年年底，南美贸易障碍扫除，公众对公司的股价预期看好，进而带动股价上升。1720年，南海公司承诺接收全部国债，作为交易条件，政府要逐年向公司偿还，2月2日，英国下议院接受了南海公司的交易，南海公司的股票立即从129英镑跳升到160英镑；当上议院也通过议案时，股票价格涨到了390英镑。瞬间广大投资者们挤破门槛，其中包括半数以上的参、众议员，就连国王也禁不住诱惑，认购大量的公司股票。由于购买踊跃，股票供不应求，公司股票价格狂飙。从1月的每股128英镑上升到7月的每股1000英镑以上，6个月涨幅高达700%。

1720 年 6 月，英国国会通过了《泡沫法案》。自此，许多公司的舞弊事件被曝光，被迫解散，公众开始清醒过来。对这些公司的怀疑逐渐扩展到南海公司身上。从 7 月开始，首先是外国投资者抛售南海股票，国内投资者纷纷跟进，南海股价很快一落千丈，9 月直跌至每股 175 英镑，12 月跌到 124 英镑。"南海气泡"由此破灭。

面对巨额赔偿的社会舆论压力，政府议会聘请了查尔斯·斯内尔先生对南海公司的索布里奇商社的财务账目进行了检查审计，发现了该公司存在严重的会计舞弊行为，公司的一切原来都是一个彻头彻尾的骗局。而查尔斯先生也开创了注册会计审计的先河。

在这里不得不提一下英国历史上著名的物理学家伊扎克·牛顿，在当时的南海公司投机风潮中，牛顿也没能抑制住自己的欲望，在贪婪面前屈服了。他冲动地进入股票市场买入了大量南海公司的股票，希望大捞一把。但这次伟大的物理学家失算了，随着南海公司的股票一落千丈，到了 1720 年 12 月最终跌为约 124 英镑，许多投资人血本无归，牛顿也未及时脱身，亏了 2 万英镑（大约相当于今天的 4000 万元人民币），这对于牛顿来说无疑是一笔巨款，即便他曾担任铸币局局长，年薪也不过 2000 英镑。事后，牛顿感到自己枉为科学界名流，竟然把握不准股市的走向，感慨地说："我能计算出天体运行的轨迹，却难以预料到人们的疯狂。"

资料来源：文硕：《世界审计史》，企业管理出版社，1998。

◎**思考问题：**

1. 审计产生的原因是什么？
2. 查尔斯先生的主要工作是什么？
3. 要有什么样的素质和能力才能胜任审计师的工作？
4. 牛顿的失败给我们什么样的启示？

第一节　审计的起源和发展历程

一、国家审计的发展

在审计学的发展历史上，关于审计的起源是个很有争议的话题，很多学者对于此话题有着不同观点。首先，从国家审计的起源开始探寻，并对此建立一个比较清晰的认识，才能更好地把握审计学的起源和特质。国家审计的产生和发展，有着自身特有的规律特点。国家审计的产生源于社会有关经济责任关系的建立，国家审计随着经济关系的发展而发展，随着经济关系的消亡而消亡。我国著名的会计大师杨时展先生曾经说过："审计因经济责任的发生而发生，又因经济责任的发展而发展。"由此可见，没有经济责任关系这一前提就不会产生审计。

在原始社会的条件下，没有剥削，没有阶级对立关系，没有私有制，大家在原始社会下和其他动物相比差不了多少，在这样的环境下不会产生有意义的经济责任关系。进入奴隶社会，随着剥削和阶级对立的出现，经济责任关系随之出现，国家审计思想开始萌芽，统治者们为了维护自己的权益，将国家审计与政权结合起来，成为维持统治的一个工具。本教材重点对我国的国家审计发展做介绍，西方国家的国家审计不做赘述。

我国早在西周时代（公元前 1046—前 771 年）就有了审计监察制度，建立了审计监督的"天官大宰"系统，配备"宰夫"这一官职开展具体国家审计活动。到了秦汉时期更是独立设置审计机构，虽没有自成体系，但与西周相比进步了很多。隋唐设立专门的审计机构"比部"，到了宋朝，统治阶层为了强化集权控制，将财政审计大权集户部司、盐铁司、度支司于一身，在三司指挥下，根据不同审计对象设置审计机构。在南宋，出现了"审计院"。而元明清时代，国家审计业务仅仅只是监察工作的一个分支，与同时期的西方国家相比，在封建专制的压制下，国家审计裹足不前。中华民国时期，国家审计开始近代化，尽管政府当局颁布了《审计法》等规章，但由于政局动荡，国家审计发展缓慢。中华人民共和国成立后，尤其是进入改革开放阶段，经济形势有了极大的改善，同时国家审计工作也有了长足的发展。1983 年我国成立了审计署，这是国家审计的最高行政机关，1995 年，我国颁布实施了《中华人民共和国审计法》，2006 年又对其进行了修改。

【拓展阅读】

根据《周礼》记载："宰夫之职，掌治朝之法，以正王及三公、六卿、大夫群吏之位。掌其禁令，叙群吏之治。"这句话大致意思是说，宰夫这个官职的主要职责是国家政治生态和生活的监督、监察，对各个官吏是否严格遵行朝廷的法纪进行监视。

二、内部审计的发展

内部审计是由组织内部的机构或个人开展的审计活动。其发展历程大致分为古代内部审计、封建时代内部审计、近代内部审计、现代内部审计四个阶段。人类在进入奴隶社会之后，出现了私有制，奴隶主为了过不劳而获的生活，往往把自己的私人财产委托给第三方进行管理，经济责任关系随之产生，内部审计萌芽也由此产生。到了中世纪，内部审计有了一定的发展，出现了独立的内部审计人员，主要形式有寺院审计、庄园审计、行会审计、城市审计等，这是一个承上启下的阶段。到了19世纪末20世纪初，随着大型企业集团管理层级的增加和管理经营的受托经济责任的增大，近代内部审计由此产生。进入20世纪40年代，西方发达资本主义国家企业发展迅猛，且其自身结构和所处环境都日益复杂，现代内部审计要求采用以企业内部控制系统为基础的审计方法。1941年，维克多·布瑞克（Victor Brink）出版了《内部审计》一书，标志着内部审计学的正式诞生。

我国的内部审计起步较晚，1983年国发130号文件规定“可根据工作需要建立内部审计机构和配备审计人员，实行内部审计监督”，根据此文件精神，我国的各部门和单位开始建立内审队伍，并于1987年加入“国际内部审计协会”，改革开放以来，内部审计有了长足的发展和进步。

三、民间审计的发展

在国外，民间审计（注册会计师审计）的产生和发展经历了一个非常漫长的过程，企业的所有权和经营权的分离促使民间审计的产生，社会的市场经济若没有发展到一定程度，民间审计也就无从谈起。从注册会计师审计的发展历史来看，民间审计最早起源于意大利，在英国得以形成，最终在美国发展和完善。

注册会计师审计起源于16世纪的意大利，当时威尼斯是整个地中海的贸易中心，也是枢纽，合伙制企业在此兴起，合伙企业的所有权和经营权分离产生了对注册会计师审计的最初要求，1581年威尼斯成立了威尼斯会计师协会，随后米兰等城市也成立了相似的机构。虽说注册会计师审计起源于意大利，但在当时影响却很小，到了18世纪的英国，资本主义经济得到了极大的发展，其股份制企业的所有权和经营权进一步分离，公司的大多数股东基本上脱离了公司的管理，出于保护自身利益的考虑，客观上要求有独立的注册会计师对公司账目进行审计，确保其提供的财务报告的真实性。民间审计的地位在法律上得以确认，审计的主要目的是查错防弊，保护资产的安全。而到了20世纪，世界的经济中心从英国转移到了美国，美国的注册会计师审计得到了极大的发展。1933年出台的《证券法》要求在证券交易所上市的公司的财务报告必须接受注册会计师的审计，由注册会计师向社会公布审计报告，财务报告的使用人扩展到整个社会大众，注册会计师审计的重点已由保护债权人为主的资产负债表审计转为利润表审计。第二次世界大战后，形成了“八大”会计师事务所，随着时间推进，时至今日，尚存有“四大”会计师事务所，即普华永道、安永、毕马威、德勤。与此同时，审计的抽样审计方法应用更为广泛，推行了风险导向审计方法，现代的电脑技术得以采用。

我国的注册会计师审计发展比西方国家要短得多。1918年，北洋政府颁布实施了我国近代的第一部民间审计师法规——《会计师暂行章程》，当年批准谢霖先生成为我国的第一位注册会计师，随后谢霖先生创办我国第一个会计师事务所——正则会计师事务所，紧接着，涌现出一批会计师事务所，包括潘序伦先生的“潘序伦会计师事务所”（即立信会计师事务所的前身）。但是，在半殖民地半封建的旧中国，由于诸多限制，注册会计师并没有得到很好的发展，且没有发挥出应有的作用。中华人民共和国建立初期，注册会计师在维护国家的正常经济秩序、维护物价稳定、保证税收等方面做出了重要的贡献，而后来随着我国照搬苏联高度集中的计划经济模式，在计划经济的背景下，注册会计师失去了用武之地。随着改革开放的到来，市场经济得到了极大的发展和提升，我国的注册会计师行业开始了迅速发展。1986 年 7 月，国务院颁布了《中华人民共和国注册会计师条例》，1988 年 11 月财政部领导下的中国注册会计师协会正式成立，1993 年 10 月，第八届全国人大审议通过了《中华人民共和国注册会计师法》，1997 年 5 月，国际会计师联合会（IFAC）接纳中国注册会计师协会为正式会员，2006 年 2 月，财政部发布了《中国注册会计师执业准则》，形成了完整的框架体系。对外交流合作方面，我国注册会计师协会已与 50 多个国家和地区的会计师团体建立了友好关系。

【拓展阅读】

中国注册会计师协会简介

中国注册会计师协会（简称“中注协”）成立于 1988 年 11 月，是在财政部党组和理事会领导下开展行业管理和服务的法定组织，依据《注册会计师法》和《社会团体登记条例》的有关规定而设立，承担着《注册会计师法》赋予的职能、财政部党组委托和财政部领导交办的职能，以及协会章程规定的职能，已拥有团体会员 5000 多家，个人会员 13 万多人，其中，执业会员约 6.5 万人，非执业会员 7 万多人。

中国注册会计师协会分别于 1996 年 10 月和 1997 年 5 月加入亚太会计师联合会和国际会计师联合会，并与 50 多个境外会计师职业组织建立了友好合作和交往关系。中国注册会计师协会最高权力机构为全国会员代表大会，全国会员代表大会选举产生理事会。理事会选举产生会长、副会长、常务理事会，理事会设若干专门委员会和专业委员会。常务理事会在理事会闭会期间行使理事会职权。协会下设秘书处，为其常设执行机构。

中国注册会计师制度创建于 1918 年，于 1980 年恢复重建。1986 年 7 月，国务院颁布《注册会计师条例》，1993 年 10 月，八届全国人大四次会议通过《注册会计师法》并于 1994 年 1 月 1 日实施，将中国注册会计师行业的管理和发展纳入法制化、规范化的轨道。1999 年底，根据国家发展社会中介机构的产业政策和有关要求，注册会计师行业率先在中介服务机构中完成脱钩改制，会计师事务所由原来挂靠政府部门、企事业单位的下属机构，脱钩改制为由执业人员发起设立的自主经营、自我管理、自我约束、自担风险的独立中介机构。

第二节　审计的基本知识

一、审计的定义

针对审计，有一种观点认为其来源于会计，会计发展到了一定程度就产生了审计，审计的“计”就是指会计。我国历史上就曾经将审计表述为“听其会计”，而英文的 Audit 和法语的 Audition，均来源于拉丁语 Audire（听），这都说明古代的审计工作是由会计人员高声读诵会计资料，审计人员听取这些资料后，判断其是否正确。针对审计的定义，美国会计协会（AAA）将其定义为“一个系统化的过程，即通过客观地获取评价有关经济活动与经济事项认定的证据，以证实这些认定与既定的标准的符合程度，并将该结果传给信息使用者”。

结合美国会计协会的定义，我们认为审计是由独立的专职机构和受委托的专业人员，以被审单位的经济活动为对象，进行审核检查，收集和整理证据，确定其实际情况，对照法规和一定的标准，以判断被审计单位的经济活动以及反映经济活动有关资料的真实性、合法性和效益性的经济监督、评价和鉴证活动。

由此可见，审计的目的是通过审核检查，对被审单位的经济活动以及反映经济活动资料的真实性、合法性和效益性做出判断。一是对有关经济活动和事项的认定，二是要认定这些活动与标准的符合程度，三是在审计过程中要客观公正地获得证据，四是要形成系统化的过程，最后要将最终结果传递给使用者。

二、审计的分类

根据一定的标准要求，将性质类似的审计工作归为同种审计活动，即审计分类。按照审计业务类型、审计主体、审计实施的时间等不同，对审计工作进行分类。

（一）按照审计业务类型的分类

1. 财务报表审计。财务报表审计指的是注册会计师通过执行审计工作，对单位编制的财务报表是否符合规定的要求发表意见。其中规定的标准一般是企业的会计准则、计税基础、收付实现制或主管上级机构的其他报表编制要求。

2. 经营审计。经营审计是注册会计师为了评价被审计单位的生产经营活动效率，对其采用的生产经营方法进行的审计。在经营审计中，审计的对象不局限于会计资料，还有被审计单位的组织结构、计算机信息系统、生产方式、市场营销手段等，从某种角度来说，就是提供管理咨询服务。

3. 合规性审计。合规性审计是确定被审计单位是否遵循了特定的法律、法规、程序和规则，或者是否遵守有关对经营有影响的合同约定要求。比如，明确财务报账人员是否履行了规定的报销手续，工资的发放是否遵循了人力资源部门的有关规定，审查与银行签订的合同，被审计单位是否遵守了法定的要求。合规性审计的审计结果一般报送给被审单位的管理层或外部特定的使用者。

（二）按照审计主体的分类

从国内外审计的产生和发展历程来看，审计按照主体的不同分为国家审计、内部审计和民间审计，与之对应的有三类不同的审计机构组织，三者共同建立起审计监督体系。

1. 国家审计，又称政府审计，是由国家审计机关代表国家政府依法进行的审计。国家审计主要监督和检查各级政府及其下属部门的财政收支及公共资金的使用情况。在我国，国家审计机关由政府领导，分为中央和地方两个层次，有关法律明确规定，国家审计机关独立行使审计监督权，不受其他行政机关、社会团体和个人的影响。

2. 内部审计，是由各个单位内部设置的专门机构或人员实施的审计。它的主要任务是监督本单位的财务收支情况和经营管理活动情况。

3. 民间审计，又称注册会计师审计，也称独立审计，是指由有关主管部门审核批准成立的会计师事务所和审计事务所的注册会计师所执行的独立审计。

（三）按照审计实施进行时间的分类

审计按其实施时间分类，可分为事前审计、事中审计和事后审计。

1. 事前审计，是指经济业务发生以前所进行的审计。其目的主要是审查计划、预算、投资决策等是否切实可行，是否符合国家的方针、政策，是否形成最佳决策，是否符合提高经济效益等要求。

2. 事中审计，是指在计划、预算和投资项目执行过程中对其所发生的经济活动进行的审计。事中审计一般适用于内部审计。也可以说，它是内部审计部门的日常审计。

3. 事后审计，是指经济业务发生以后所进行的审计。其目的主要是根据有关的审计证据，审查已经发生经济业务的真实性、合法性和效益性。事后审计是国家审计、内部审计和社会审计的主要审计形式。

（四）按照审计范围的分类

审计按其范围分类，可分为全部审计和局部审计。

1. 全部审计，是指对被审计单位某一时期全部经济活动的真实性、合法性和效益性所进行的审计。

2. 局部审计，是指对部分会计资料及其所反映的活动的真实性、合法性和效益性所进行的审计。

（五）按照审计是否有确定时间的分类

审计按其是否有确定的时间分类，可分为定期审计和不定期审计。

1. 定期审计，是指每到一定时间都要进行的审计。

2. 不定期审计，是指不确定时间而临时进行的审计。

（六）按照审计执行地点的分类

审计按其执行地点分类，可分为报送审计和就地审计。

1. 报送审计，或称送达审计，是指被审计单位将各项预算、计划、会计决算报表和其他有关资料等，按照规定的日期（月、季、年）送达审计机构进行审计。这类审计一般适用于行政事业单位的经费收支审计。至于情节严重的财经法纪审计，则不宜采用。

2. 就地审计，是指由审计机构派出审计人员到被审计单位进行的现场审计。这类审计一般用于经济活动频繁、审计内容较多且有些项目需要通过实地审查，方能确定问题性质的审计对象，如经济效益审计和专题（案）审计等。就地审计是国家审计机关、内部审计部门和社会审计组织进行审计的主要类型。

（七）按照审计工作是否受法律约束的分类

审计按其是否受法律的约束分类，可分为法定审计和非法定审计。

1. 法定审计，是指根据国家法律的规定，不论被审计单位是否愿意，都必须进行的审计。法定审计一般都具有强制性。

2. 非法定审计，是指法律未明确规定必须实施的审计。

三、审计中的三方关系人

具体审计业务涉及三方实体：审计委托方、注册会计师（审计人）、被审计单位管理层（被审计人）。

（一）注册会计师

对财务报表发表审计意见是注册会计师的责任。

注册会计师可以利用专家协助执行审计业务，注册会计师应当确信包括专家在内的项目组整体已具备执行该项审计业务所需的知识和技能，并充分参与该项审计业务和了解专家所承担的工作。

（二）被审计单位管理层（责任方）

管理层和治理层（如适用）的责任：

1. 按照适用的财务报告编制基础财务报表，并使其实现公允反映（如适用）；

2. 设计、执行和维护必要的内部控制，以避免财务报表因存在舞弊或错误而导致重大错报；

3. 向注册会计师提供必要的工作条件，包括允许注册会计师接触与编制财务报表相关的所有信息（如记录、文件和其他事项），向注册会计师提供审计所需的其他信息，允许注册会计师在获取审计证据时不受限制地接触其认为必要的内部人员和其他相关人员。

（三）预期使用者

预期使用者是指预期使用审计报告和财务报表的组织或人员。

（四）三方关系人之间的关系

审计的委托方将其财产授权给被审计单位进行经营，被审计单位对于委托方有着经济责任，审计人接受委托方的委托，对被审计单位进行审计，并出具审计报告以此向审计委托人报告被审计人的履职情况等。

四、审计的对象

审计工作开展时所指明的对象即审计的对象，审计的对象是指审计监督的客体，即审计内容和范围的概括。抽象地说，该客体可概括为“被审单位的经济活动”；具体地说，该客体既指“被审计的单位”，又指“具体的审查内容”。

一般来说，审计对象包括两大部分：被审计单位的财务收支等经营管理活动和记录这些经营活动的会计资料和其他资料。其中被审计单位的财务收支等经营管理活动是审计对象的本质，而会计资料和其他资料等载体是审计对象的具体现象。

五、审计的特征

审计的三个基本特征为：独立性、权威性、公正性。

审计的独立性是指审计机构和审计人员独立行使审计监督权，不受其他行政、社会团体和个人的干涉。审计的独立性是审计的本质特征，包括机构独立、人员独立、工作独立、经济独立。审计的权威性是指宪法中所明确的审计机构的法律地位，依法独立行使职权，不受任何干涉，其审计结论和审计决定具有法律效力。权威性是保证有效先例审计权力的必要条件。审计的公正性反映了审计工作的基本要求，是取信于被审计人以及审计委托人的重要前提。

【案例精选】

帕玛拉特公司是意大利的第八大企业，以食品生产闻名于世。2003 年底，帕玛拉特突然申请破产保护，在意大利引起轩然大波，被称为欧洲的“安然事件”，导致全世界又将目光投向上市公司的财务欺诈行为，现从审计独立性角度探究问题的根源。

帕玛拉特公司成立于 1961 年，是一家拥有 40 多年历史的家族企业，主要生产和销售牛奶、酸奶酪、果汁、冰淇淋、蔬菜罐头、烘烤食品以及番茄制品等。它旗下的品牌很多，除 Parmalat 品牌外，还拥有其他著名品牌，并拥有著名的意甲帕尔马足球俱乐部（意大利著名足球运动员布冯的母队）。

纵观该公司的发展历程，帕玛拉特从意大利一个默默无闻的小镇起家，逐渐发展成为食品生产企业的跨国公司，在 30 多个国家建立了 139 家加工厂，雇员人数超过 36356 名。其创始人为卡利斯托·坦齐（Calisto Tanzi），坦齐对帕玛拉特的管理一直延续到 2003 年 12 月。在公司出现危机后，其职务由重组专家恩里科·邦迪（Enrico Bondi）取代。

帕玛拉特危机爆发于 2003 年 11 月中旬，由于公司突然宣布无法偿还到期价值为 1.5 亿欧元的债券，从而引起了注册会计师对其财务状况的警觉。而当其宣称无法清偿在凯曼群岛大约 5 亿欧元的共同基金时，真正的恐慌开始了。帕玛拉特的股票价格在几个星期内持续跌落，在短短一个月时间里下跌了 87%。同时，标准普尔将帕玛拉特的信用评级降低至最低一级 D，这无疑是雪上加霜。2003 年 12 月 27 日，帕玛拉特向帕尔马地方破产法院申请破产保护并得到批准。

帕玛拉特公司虽然设立了审计委员会，但该委员会由公司内部董事控制，在公司许多高管的舞弊问题上，审计委员会装聋作哑，知而不报，严重失职。审计委员会缺乏应有的独立性，成为一个花架子，无法真正发挥监督制衡公司的作用。

资料来源：http：//www. Chinaacc. com/new/15/18/2004_2/4022308532772. htm

【小思考】帕玛拉特公司的审计委员会为何没有起到应有的作用？

六、审计的职能

审计具有经济监督、经济评价和经济鉴证的职能。

（一）经济监督

监督是审计最基本的职能。审计的经济监督职能指的是，通过审计、监察和督促被审单位的经济活动在规定范围内，在正常的轨道上进行。不是任何审计都具有经济监督的职能，审计要具有经济监督职能，必须具备以下两个条件：

1. 监督必须由权力机关实施。非权力机关无法进行有效的监督。例如社会审计组织是一种非权力机关，因此，社会审计一般不具备经济监督职能。

2. 要有严格的客观标准和明确的是非界限。例如在经济效益审计中，经济效益的好坏依据不同的企业实体的客观情况而定，没有绝对的界限和严格的标准。因此，经济效益审计不具有监督的职能。

（二）经济评价

审计的经济评价职能指的是，通过审核检查，评价被审单位的经营决策、计划和方案等是否先进，内部控制系统是否健全，是否切实执行，财政财务收支是否按照计划、预算和有关规定执行，各项资金的使用是否合理、有效，经济效益是否较优，会计资料是否真实、正确等。

（三）经济鉴证

审计的经济鉴证职能指的是，通过鉴别被审单位经济活动和有关资料的性质，作出书面证明。在社会审计中，审计人员接受委托人的委托，对被审计单位的会计资料进行评价，并出具评价的意见，这是鉴证的明显例子。

七、审计的作用

审计的作用是完成审计任务，得到结果，主要发挥着以下作用：

（一）审计的制约作用

审计的制约作用是审计最初表现出来的作用，具体表现为揭示差错和弊端以及维护财经法纪。审计的制约作用是在完成经济监督职能所赋予的任务之后发挥出来的。

（二）审计的促进作用

审计的促进性作用可以概括为：改善经营管理、提高经济效益和加强宏观调控。审计的促进作用是在完成经济评价职能所赋予的任务之后发挥出来的。

（三）审计的证明作用

审计的证明作用是在完成经济鉴证职能所赋予的任务之后发挥出来的。通过对被审计单位的会计报表和其他信息资料的检查，证明其经济活动的合法公允，确认其可信度并出具报告，供有关方面使用。

八、审计的模式

审计模式是审计导向所指的目标、范围和方法等要素的组合，它规定了审计应从何处下手、如何着手、何时着手等问题。在审计发展的历史中，审计模式的发展起着相当重要的作用。审计活动总是为完成一定的审计目标而设计的，因而审计模式的发展，要受到审计目标变化的深刻影响。随着社会经济的发展，审计目标是不断变化的，因而审计模式也是不断发展的。

按照历史的顺序，与审计目标的变化相适应，审计模式的发展大致可以分为四个阶段：账项基础审计阶段、制度基础审计阶段、风险基础审计阶段、风险导向审计阶段。下面，我们根据审计目标的变化，概况地说明四种审计模式的重要特征。

（一）账项基础审计

账项基础审计（transaction-based auditing），是审计方法模式发展的第一阶段，在审计方法史上占据着十分重要的地位，直到现在仍被大量采用。它以凭单核对为中心，以审查账目有无舞弊为目标，以数据的可信性为着眼点，以会计科目为入手点，构成了一个完整的方法模式。

在账项基础审计阶段，由于当时审计工作的主要目标是查错防弊，注重凭证、账簿、报表的详细审查，比较费时费力。在企业规模不大、经济业务比较简单的情况下，这种审计方法基本能适应需要。后来由于资产负债表审计的盛行，就更多地采用抽样审计技术，但此时的抽样更多的是判断抽样，主要根据审计人员的经验进行主观判断，有时可能遗漏重要项目事项，抽查的风险很大。而且，账项基础审计通过凭证的核对，虽然可以发现技术性错误或舞弊行为，但是审计耗费人力较多，难以作深入分析，难以查出产生的原因，无法揭示会计系统中不合理的缺陷。因而，账项基础审计并不能达到预期的效果，特别是在经济业务规模扩大、业务复杂的情况下，为了保证审计质量，必须寻找更为可靠而有效的审计方法，从而产生了制度基础审计。

（二）制度基础审计

随着股份有限公司的不断出现，社会公众更多关注的是财务报表的公允性、真实性，即使是未揭露的差错和舞弊，只要不对财务报表构成重大的影响，并不会成为审计的主要目标。而且，实际上企业为了管理的需要，建立了内部控制制度，内部控制制度是否严密有效，直接影响到企业财务报表的公允性。在审计实践过程中，审计人员也发现内部控制制度的可靠性对于审计工作具有非常重要的意义。一种从审查内部控制制度着手的审计方法应运而生，这就是制度基础审计（system-based auditing）。制度基础审计要求审计人员对委托单位的内部控制制度进行全面了解，强调对内部控制制度的评价，并在此基础上决定实质性测试的时间、范围和程度。这样就改变了传统的对于经济业务结果进行详细审计的做法。

制度基础审计将重点放在对制度中各个控制环节的审查上，目的在于发现控制制度中的薄弱之处，找出问题发生的根源，然后针对这些环节扩大检查范围。这种审计模式不是漫无目的的大海捞针，而是方向明确的重点审查。由于着眼于对整体制度情况的了解和分析，这种审计模式可以发现一些程序上的错误和工作步骤不合理的现象，因此可以就管理上的问题提出总体上的建设性意见。制度基础审计在保证审计结论具有一定可靠性的前提下提高了审计工作的效率，正因如此，制度基础审计从 20 世纪 40 年代诞生以来便风行于世界各国。

制度基础审计面对新的环境，相比于账项基础审计前进了一大步，但是它本身也存在着重大的缺陷。制度基础审计虽然也涉及审计风险问题，但它并不直接处理审计风险，而是使审计人员的注意力过于集中在被审单位的内部控制制度方面，使审计人员过于依赖内部控制的测试而忽视审计风险产生的其他环节；再有，由于世界范围的科学技术和政治经济的巨大变化，企业之间的竞争愈演愈烈，企业的不稳定性增加，许多企业破产倒闭，于是社会对审计提出了更多的要求，不断出现指控审计人员的事件，这就要求审计人员充分把握被审单位各方面的情况，考虑各种风险因素。更为致命的是，审计证据可以从许多渠道进行收集——如对组织及其环境、历史的了解以及分析性检查等，而这些并不是制度基础审计采用的技术方法，再称其为制度基础审计就有点名不符实。从各种渠道收集的证据，都会对最终的审计意见产生影响，但制度基础审计缺乏通过一种可接受的量化方法来连接各种来源的手段，因而作出的一些主观判断，可能存在较大的偏差，仍然可能使重大的差错和舞弊无法被揭示出来，使审计人员不断受到诉讼的威胁。

为了适应新的情况，必须发展一种新的、多维的审计技术，以降低审计人员所面临的错综复杂的风险，以迎合高度风险社会的审计工作需要。程序驱动审计（procedures driven auditing，账项基础审计与制度基础审计的统称）的明显不足之处在于审计资源不恰当地被分配到高风险和低风险审计领域，适应不了现代社会的需要，因此，风险基础审计就应运而生了。

（三）风险基础审计

由于制度基础审计适应不了社会公众对审计的要求，风险基础审计方法便随之兴起。风险基础审计立足于对审计风险进行系统的分析和评价，并以此作为出发点，制订审计战略，制订与企业状况相适应的多样化的审计计划，使审计工作适应社会发展的需求。风险基础审计要求审计人员不仅要对控制风险进行评价，而且要对产生风险的各个环节进行评价，用以确定审计人员实质性测试的重点和测试水平，确定如何收集、收集多少和收集何种性质证据的决策。风险基础审计大量运用了分析的方法，这种分析的方法贯穿于审计的准备阶段、实施阶段和终结阶段，使审计风险理论和整个审计过程联系更为紧密，使审计人员能够重视产生审计风险的各个重要环节，使审计过程成为一个不断克服和降低审计风险的过程。一旦审计人员认为审计风险已经控制在可容忍的水平范围内，审计人员就可以发表审计意见。风险基础审计为更有效地控制和提高审计效果和审计效率提供了完整的结构，有利于进一步弥合公众期望差（expectation gap），有利于减轻审计人员的责任，审计人员由被动地承受审计风险变成主动地控制审计风险，因此它不失为现代审计的一个新思路。

（四）风险导向审计

风险导向审计也称“商业基础审计”，或“现代风险导向审计”。风险基础审计基于审计风险模型，通过对财务报表固有风险和控制风险的评估来确定实质性测试的性质、时间和范围。但在审计实务中，审计人员采用的是制度基础审计的基本方法，增加了风险定量评估的内容，并将风险定量分析视作审计风险控制的一种重要手段。在风险基础审计模式下，审计对于风险的分析和评估是一种狭隘的会计观。审计人员的注意力和相关的分析、测试的重点，主要放在财务报表账户余额及发生额本身的风险及会计系统的可靠性上。审计人员依然采用一种自下而上的审计思路，认为只要通过对客户财务报表各个项目及相关交易类别、账户的各个认定的固有风险和控制风险的评估和测试，并加以实质性测试，就可以为审计意见提供充分适当的证据。从审计实施的角度看，审计方法和程序仍然是以业务层面的内部控制测试和风险评价为导向，然后对相关认定实施实质性测试。企业是社会经济生活中的一个细胞，其所处的经济环境、行业状况、经营目标、战略与风险最终都会对财务报表产生重大影响。如果审计人员不深入考虑财务报表背后的东西，就不能对财务报表项目余额得出一个合理的期望。如果审计人员不把审计视角扩展到内部控制以外，就容易受到蒙蔽和欺骗，无法发现内部控制失效所导致的财务报表中的重大错报和舞弊行为。

因此，风险基础审计主要还是一种观念上的审计模式，它并没有使审计过程和审计方法在审计实务方面产生巨大的变化。21世纪初，安然、世通等重大的财务欺诈案的不断出现，导致了社会对审计职业产生怀疑，社会公众总是要问“审计师在哪里”。虽然审计职业主要的职责范围是由监管机构赋予的，但其来源则是社会公众。当重大管理舞弊被社会公众所知悉时，审计职业就会遭到重创。审计模式从制度基础审计转向风险基础审计，不仅改变了审计方法，而且改变了传统的审计理念。国外会计师事务所对风险基础方法进行改进，意识到审计风险与企业经营风险是不可分割的，威胁企业经营的风险也是影响审计风险的来源，因而，有效的审计需要对企业所处的社会环境等进行深入的了解，审计理论、审计实务以及审计准则都开始要求审计人员更多地理解企业的经营，形成了以企业经营风险评价为中心的风险导向审计（risk-oriented audit），或称商业基础审计（business audit）。这一认识比传统的基于审计风险模型的风险认识更广泛、更深刻。

从传统的风险基础审计发展到现代的风险导向审计，审计职业的监管者也起到了一定的作用。1998 年 10 月，美国证券交易委员会（SEC）首席会计师林恩·特纳（Lynn Turner）批评大型会计师事务所重塑审计方法时说，大型会计师事务所更多地依赖于以分析性程序为主的风险评估，而不是实质性的详细测试。应 SEC 的要求，公共监管委员会（POB）于 1998 年组织了“审计效果研究项目组”。该研究组于 2000 年发布了《审计效果研究组：报告与建议》，得出的结论是：新的审计方法可以提高审计功效。1999 年，英国、美国、加拿大的准则制定者和学术界专家联合组成了“联合工作组”。该联合工作组于 2000 年 5 月发布了《大型会计师事务所审计方法的发展》的研究报告，认为：有足够的理由相信这是一种区别于传统风险基础审计的新方法，促使新的审计方法发展的原因之一是，审计人员需要更好地达到财务报表审计的目标；原因之二是，审计人员需要向客户提供增值服务。同时，大型会计师事务所在新的审计方法上的基本认识是一致的，在运用中存在一定的差别。2000 年 7 月，国际审计与鉴证准则委员会（International Auditing and Assurance Standards Board，IAASB）在联合工作组及美国审计准则委员会的建议下，联合美国审计准则委员会成立了“风险分析联合项目组”，对风险导向审计进行研究，结论是：新的审计方法可以提高审计的功效。2002 年底，为了适应新的审计方法实施的需要，国际审计与鉴证准则委员会及美国审计准则委员会都修改了相应的审计准则并发布征求意见稿，计划从 2004 年开始实施。在 2001 年发生“银广厦”事件后，中国注册会计师协会表示：“风险导向审计是指注册会计师通过对被审计单位进行风险分析、评价被审计单位风险控制、确定剩余审计风险，执行追加审计程序将剩余审计风险降低到可接受水平。”并在 2004 年就现代风险导向审计的产生做了系统的阐述。我国于 2004 年开始修订已有的审计准则并征求意见。2006 年 12 月，中国注册会计师协会颁布了一整套执业准则，并于 2007 年开始实施。

第三节 注册会计师和注册会计师事务所

一、注册会计师

注册会计师是指取得注册会计师证书并在会计师事务所执业的人员，英文全称为 Certified Public Accountant，简称 CPA，指的是从事社会审计/中介审计/独立审计的专业人士，CPA 为中国唯一官方认可的注册会计师资质，唯一拥有签字权的执业资质。

财政部成立注册会计师考试委员会（简称财政部考委会），组织注册会计师全国统一考试工作。财政部考委会设立注册会计师考试委员会办公室（简称财政部考办），组织实施注册会计师全国统一考试工作。财政部考办设在中国注册会计师协会。

省、自治区、直辖市财政厅（局）成立地方注册会计师考试委员会（简称地方考委会），组织领导本地区注册会计师全国统一考试工作。地方考委会设立地方注册会计师考试委员会办公室（简称地方考办），组织实施本地区注册会计师全国统一考试工作。地方考办设在各省、自治区、直辖市注册会计师协会。

【小贴士】

国际上说的会计师一般是指注册会计师，而不是我国的中级职称概念的会计师。注册会计师考试科目为“会计”“审计”“财务成本管理”“经济法”“税法”“公司战略与风险管理”。每年的通过率一般在全国考生人数的10%左右。至2017年12月31日，中注协个人会员达到237203人，其中执业会员（注册会计师）105570人，非执业会员达到131633人。

（一）成绩管理

1. 考生答卷由财政部注册会计师考试委员会办公室（简称财政部考办）集中组织评阅。考试成绩经财政部考委会认定后发布。考生可登录中国注册会计师协会网站查询成绩并下载打印成绩单。

2. 每科考试均实行百分制，60分为成绩合格分数线。

专业阶段考试科目：会计、审计、财务成本管理、公司战略与风险管理、经济法、税法6个科目。

参加注册会计师全国统一考试的应考人员，专业阶段考试的单科考试合格成绩5年内有效。对在连续5个年度考试中取得专业阶段全部科目考试合格成绩的应考人员，财政部考委会颁发专业阶段考试合格证书。

注册会计师全国统一考试专业阶段考试合格证由考生到参加专业阶段考试最后一科考试报名地的地方考办领取。

（二）综合阶段

综合阶段考试科目应在取得注册会计师全国统一考试专业阶段考试合格证书后完成。对取得综合阶段考试科目考试合格成绩的考生，财政部考委会颁发注册会计师全国统一考试全科合格证。

注册会计师全国统一考试全科合格证由考生到综合阶段考试报名地的地方考办领取。

根据《注册会计师全国统一考试管理工作指南》规定，参加注册会计师全国统一考试的应考人员，在取得注册会计师全国统一考试专业阶段考试合格证后5个年度内，取得综合阶段职业能力综合测试合格成绩者，财政部考委员颁发全科合格证书。取得综合阶段职业能力综合测试成绩合格的申请人，应持综合阶段职业能力综合测试成绩合格凭证向参加综合阶段职业能力综合测试所在地的地方考办申请换发全科合格证书。

二、会计师事务所

会计师事务所是注册会计师依法承揽业务的组织。我国目前规定会计师事务所可以由注册会计师合伙设立。

【小贴士】

四大会计师事务所指世界上著名的四个会计师事务所：普华永道（PwC）、德勤（DTT）、毕马威（KPMG）、安永（EY）。

（一）会计师事务所的设立条件

根据《会计师事务所审批和监督暂行办法》（以下简称《办法》）第七条规定，设立合伙会计师事务所应当具备下列条件：

1. 有两名以上的合伙人；
2. 有书面合伙协议；
3. 有会计师事务所的名称；
4. 有固定的办公场所。

（二）根据《办法》第八条规定，设立有限责任会计师事务所应当具备的条件

1. 有5名以上的股东；
2. 有一定数量的专职从业人员；
3. 有不少于人民币30万元的注册资本；
4. 有股东共同制定的章程；
5. 有会计师事务所的名称；
6. 有固定的办公场所。

（三）根据《办法》第九条规定，会计师事务所的合伙人或者股东应当具备的条件

1. 持有中华人民共和国注册会计师证书；
2. 在会计师事务所专职执业；

3. 成为合伙人或者股东前 3 年内没有因为执业行为受到行政处罚；

4. 有取得注册会计师证书后最近连续 5 年在会计师事务所从事下列审计业务的经历，其中在境内会计师事务所的经历不少于 3 年：

（1）审查企业会计报表，出具审计报告；

（2）验证企业资本，出具验资报告；

（3）办理企业合并、分立、清算事宜中的审计业务，出具有关的报告；

（4）法律、行政法规规定的其他审计业务。

5. 成为合伙人或者股东前 1 年内没有因采取隐瞒或提供虚假材料、欺骗、贿赂等不正当手段申请设立会计师事务所而被省级财政部门作出不予受理、不予批准或者撤销会计师事务所的决定。

三、注册会计师事务所的组织形式

会计师事务所主要有独资、普通合伙制、有限责任公司制、有限责任合伙制等四种组织形式。

（一）独资会计师事务所

它是由具有注册会计师执业资格的个人独立开业，承担无限责任。它的优点是，对执业人员的需求不多，容易设立，执业灵活，能够在代理记账、代理纳税等方面很好地满足小型企业对注册会计师服务的需求，虽承担无限责任，但实际发生风险的程度相对较低。缺点是无力承担大型业务，缺乏发展后劲。

（二）普通合伙制会计师事务所

它是由两位或两位以上注册会计师组成的合伙组织。合伙人以各自的财产对事务所的债务承担无限连带责任。它的优点是，在风险的牵制和共同利益的驱动下，促使事务所强化专业发展，扩大规模，提高规避风险的能力。缺点是建立一个跨地区、跨国界的大型会计师事务所要经历一个漫长的过程。同时，任何一个合伙人执业中的错误与舞弊行为，都可能给整个会计师事务所带来灭顶之灾，可能使之在短期内土崩瓦解。

（三）有限责任公司制会计师事务所

它是由注册会计师认购会计师事务所股份，并以其所认购股份对会计师事务所承担有限责任。会计师事务所以其全部资产对其债务承担有限责任。它的优点是，可以通过公司制形式迅速聚集一批注册会计师，建立规模化的大所，承办大型业务。缺点是降低了风险责任对执业行为的高度制约，弱化了注册会计师的个人责任。

（四）有限责任合伙制会计师事务所

它是由会计师事务所以全部资产对其债务承担有限责任，各合伙人对个人执业行为承担无限责任。它的最大特点在于既融入了合伙制和股份有限公司制会计师事务所的优点，又摒弃了它们的不足。这种组织形式是20世纪90年代初期为了顺应经济发展对注册会计师行业的要求而兴起的。到1995年底，原“五大”国际会计公司在美国的执业机构已完成了向有限责任合伙制的转型，而其他国家和地区的执业机构的转型目前正在进行之中。同时，在它们的主导下，许多国家和地区的大中型会计师事务所也陆续开始转型。有限责任合伙制会计师事务所已成为当今注册会计师行业组织形式发展的一大趋势。

◎ 知识小结

本章是审计的入门篇，第一节主要介绍了国家审计、内部审计和注册会计师审计的起源和发展；第二节介绍了审计的基础知识，包括审计的定义、审计的分类、审计的特点、审计的职能、审计的模式等；第三节重点介绍了注册会计师和会计师事务所。

◎ 课后练习

一、简答题

1. 审计的定义是什么？
2. 审计的三方关系是什么样的？
3. 审计的职能是什么？
4. 审计的分类有哪些？
5. 注册会计师的组织类型有哪些？

二、单项选择题

1. (　　)是审计最基本的职能。

A. 监督　　B. 鉴证

C. 评价　　D. 建设性

2. 在我国，“审计”一词最早出现在(　　)。

A. 西周　　B. 秦汉

C. 唐代　　D. 宋代

3. (　　)的独立性最强。

A. 国家审计　　B. 内部审计

C. 注册会计师审计　　D. 独立审计

4. 按照被审计单位的不同，审计可以分为(　　)。

A. 财务报表审计、经营审计和合规性审计

B. 报送审计和就地审计

C. 定期审计和不定期审计

D. 国家审计、注册会计师审计和内部审计

5. (　　)是审计最本质的特征。

A. 独立性　　B. 权威性

C. 公正性　　D. 公平性

三、多项选择题

1. 审计的职能是(　　)。

A. 监督　　B. 鉴证

C. 评价　　D. 建设性

2. 审计的特征有(　　)。

A. 独立性　　B. 权威性

C. 公正性　　D. 建设性

3. 审计活动中所指的三方关系人是(　　)。

A. 审计委托方　　B. 被审计人

C. 审计人　　D. 经理者

4. 审计按主体分类可以分为(　　)。

A. 国家审计　　B. 内部审计

C. 注册会计师审计　　D. 财务报表审计

5. 审计模式分为(　　)。

A. 制度基础审计　　B. 账项基础审计

C. 风险导向审计　　D. 报表基础审计

6. 关于政府审计与注册会计师审计的下列论断中，不正确的是(　　)。

A. 二者都是有权就有关审计事项向有关单位和个人进行调查并取得有关证明材料

B. 二者都是外部审计，都具有较强的独立性

C. 二者的对象、方式和监督的性质基本一致

D. 二者的审计标准基本一致

7. 注册会计师进行年度会计报表审计时，应对被审计单位的内部审计进行了解，并可以利用内部审计的工作成果，这是因为(　　)。

A. 内部审计是注册会计师审计的基础

B. 内部审计是被审计单位内部控制的重要组成部分

C. 内部审计和注册会计师审计在工作上具有一定程度的一致性

D. 利用内部审计工作成果可以提高注册会计师的工作效率

第二章 审计相关法律规范、审计人员职业道德规范和注册会计师的法律责任

任务目标

1. 掌握审计准则的概念；
2. 了解审计准则的内容；
3. 了解会计师事务所质量控制准则；
4. 理解注册会计师执业道德规范；
5. 掌握对遵守执业道德产生不利影响的具体情形；
6. 了解注册会计师承担法律责任的成因。

【情景案例】

银广夏公司全称为广夏（银川）实业股份有限公司，证券简称为ST广夏（代码为000557）。1994年6月上市的银广夏公司，曾因其骄人的业绩和诱人的前景而被称为“中国第一蓝筹股”。2001年8月，《财经》杂志发表“银广夏陷阱”一文，银广夏虚构财务报表事件被曝光。检查后专家认为，银广夏下属天津广夏公司出口德国诚信贸易公司的为“不可能的产量、不可能的价格、不可能的产品”。以天津广夏公司萃取设备的产能，即使昼夜不停地运作，也生产不出其所宣称的数量；天津广夏萃取产品出口价格高到近乎荒谬；对德出口合同中的某些产品，根本不能用二氧化碳超临界萃取设备提取。

而在对银广夏进行审计的中天勤会计师事务所在此次舞弊事件中有着不可推卸的责任，天津广夏审计项目负责人是由非注册会计师担任，审计人员普遍缺乏基本外贸业务知识，不具备专业胜任能力，严重违反审计准

则的相关要求。《独立审计基本准则》明确指出，担任独立审计工作的注册会计师应当具备专门学识与经验，经过适当专业训练，并有足够的分析、判断能力；在编制审计计划时，注册会计师应当特别考虑以下因素：审计小组成员的业务能力、审计经历和对被审计单位情况的了解程度；审计计划应当经会计师事务所的有关业务负责人审核和批准；审计小组成员的选派与分工是否恰当。

2002 年 2 月 26 日，财政部正式下发对中天勤会计师事务所的行政处罚决定，认定中天勤存在重大审计过失，中天勤的执业资格及两位签字会计师的会计牌照被正式吊销。中天勤事务所未能发现银广夏的严重财务问题，存在重大审计过失，严重损害了广大投资者的合法权益和证券市场“三公”原则，违反了《中国注册会计师法》《独立审计准则》等注册会计师质量控制基本准则，依据《中华人民共和国注册会计师法》等有关条款，决定依法吊销签字注册会计师刘加荣、徐林文的注册会计师资格；吊销中天勤会计师事务所的执业资格，并会同证监会吊销其证券、期货相关业务许可证。

资料来源：《财经》，2001 年 8 月。

◎思考问题：

银广夏案例中天勤为什么会审计失败？事后承担了什么样的法律责任？

第一节　审计相关法律规范

审计准则是来规范审计人员执行审计业务，获得有关审计证据，并形成最终审计结果，出具审计报告的专业标准。按照审计主体的不同可以分为国家审计准则体系、内部审计准则体系和注册会计师准则体系。

审计准则具有以下几个特点：权威性；规范性；可操作性；相对稳定性。

一、国家审计准则

修订后的《中华人民共和国国家审计准则》共分为七章，包括总则、审计机关和审计人员、审计计划、审计实施、审计报告、审计质量控制和责任、附则。

新的审计准则旨在规范和指导审计机关和审计人员执行审计业务的行为，保证审计质量，防范审计风险，发挥审计保障国家经济和社会健康运行的“免疫系统”功能。

中华人民共和国审计署有关负责人介绍，新的审计准则对审计业务的基本程序作了系统规范，是审计机关和审计人员履行法定审计职责的行为规范，是执行审计业务的职业标准，是评价审计质量的基本尺度，适用于审计机关开展的各项审计业务。新的审计准则的修订和颁布，是继审计法和审计法实施条例修订后，我国审计法制建设的又一件大事，是完善我国审计法律制度的重大举措，是国家审计准则体系建设史上一个重要的里程碑，对规范审计机关和审计人员执行审计业务的行为、保证审计质量、防范审计风险、发挥审计保障国家经济和社会健康运行的“免疫系统”功能有着十分重大的意义。

二、内部审计准则体系

《中国内部审计准则序言》规定，中国内部审计准则体系由以下三个层次组成：

1. 内部审计基本准则（以下简称基本准则）。基本准则是内部审计准则的总纲，是内部审计机构和人员进行内部审计时应当遵循的基本规范，是制定内部审计具体准则、内部审计实务指南的基本依据。

2. 内部审计具体准则（以下简称具体准则）。具体准则是依据基本准则制定的，是内部审计机构和人员在进行内部审计时应当遵循的具体规范。

3. 内部审计实务指南（以下简称实务指南）。实务指南是依据基本准则、具体准则制定的，为内部审计机构和人员进行内部审计提供的具有可操作性的指导意见。

内部审计准则体系中的三个不同层次，具有不同的约束力和权威性。基本准则，是内部审计准则体系的第一层次，是内部审计准则的总纲，具有最高的权威性和法定约束力。基本准则、具体准则是内部审计机构和人员进行内部审计的执业规范，内部审计机构和人员在进行内部审计时应当遵照执行。具体准则的权威性虽低于基本准则，但要高于实务指南，并有法定约束力；而实务指南是给内部审计机构和人员提供操作性的指导意见，不具有法定约束力和强制性，内部审计机构和人员在进行内部审计时应当参照执行。

三、注册会计师准则

注册会计师准则又称民间审计准则，是指规范注册会计师执行审计业务的权威性标准，该准则对于提高注册会计师的执业水平、降低审计风险、维护社会公众利益起着重要作用。我国的注册会计师准则体系受注册会计师职业道德的统领，主要包含注册会计师业务准则和会计师事务所质量控制准则。其中注册会计师业务准则包括鉴证业务准则和相关服务准则。

注册会计师的鉴证业务准则由鉴证基本准则统领，根据鉴证服务提供的保障程度的高低和鉴证对象的不同，分为中国注册会计师审计准则、中国注册会计师审阅准则和中国注册会计师其他鉴证业务准则。其中，审计准则是整个准则体系的核心，用于规范注册会计师开展审计工作。审阅准则用于规范注册会计师执行财务信息的审阅工作，其他鉴证业务准则用于规范注册会计师对财务信息进行的除审计和审阅之外的其他鉴证业务，根据鉴证业务的具体性质和要求，提供有限的保证。

相关服务准则用以规范注册会计师代编财务报表、执行约定程序、提供管理咨询服务、税务咨询和其他服务。在提供这些相关服务时，因为属于代理咨询服务，注册会计师不提供任何程度的保证。

会计师事务所质量控制准则。会计师事务所质量控制准则是用以规范会计师事务所在执行各类业务时应当遵循的质量控制政策和程序。质量控制准则适用于会计师事务所及其人员对财务信息进行审计、审阅、其他鉴证业务以及相关服务的质量控制，是对会计师事务所及其人员提出的控制正常和程序的要求。

第二节　审计人员的职业道德规范

一、审计人员职业道德概述

审计人员的职业道德是指导审计人员在从事审计工作中保持独立公正和遵守法律法规，以及对委托单位、同行负责的一整套基本规范要求。具体来说，注册会计师在职业道德方面应当遵循以下基本原则：诚信、独立、客观和公正、专业胜任能力、应有的关注、保密、职业行为。

（一）诚信

诚信就是诚实守信。一个人的内心思想和语言行动一致，能够履行约定而获得别人的信任。诚信原则要求注册会计师在执行业务的过程中保持正直诚实，能够秉公办事，做到实事求是。例如，在执行审计业务时，审计人员明知财务报告或其他会计资料存在重大虚假或误导性陈述，或遗漏掩盖应当包括的信息，就不得与这些有问题的信息发生牵连。

（二）独立、客观、公正

鉴证业务是指为被鉴证对象在所有重大方面遵循既定的适当标准而提供高度或适度保证的业务。注册会计师在执行鉴证业务时，应当恪守独立、客观、公正的原则。独立、客观、公正是注册会计师职业道德中的三个重要概念，也是对注册会计师职业道德的最基本的要求。

其中，独立性是注册会计师开展鉴证业务的灵魂。注册会计师要以自身的信誉向广大社会公众表明，被审计单位的财务报告反映的信息是真实和公允的。美国注册会计师协会 1947 年颁行的《审计暂行标准》中指出了独立性的定义：“独立性的含义相当于完全诚实、公正无私、无偏见、客观认识事实、不偏袒。”传统的观念认为，注册会计师的独立包含两个方面的内容，即实质上的独立和形式上的独立。注册会计师在执行审计审阅业务和其他鉴证业务时，要保持实质上和形式上的独立。

实质上的独立指的是一种内心状态，要求注册会计师在提出结论时不能受到有损职业判断的因素的干扰，要做到公正行事，保持客观和职业怀疑态度，同时还要求注册会计师与委托单位之间必须实实在在地毫无利害关系。其本质上是指注册会计师在审计过程中保持的一种公正无偏的态度，一种在履行专业判断和发表审计意见时不依赖和屈从于外界压力的精神状态。它要求注册会计师在执业过程中严格保持超然性，不能主观偏袒任何一方当事人，尤其不应使自己的结论依附和屈从于持反对意见的利益集团或人士的影响和压力。

所谓形式上的独立，又称为“形体独立性”、“外在独立性”或“表面独立性”，是对第三者而言的，即注册会计师必须在第三者面前呈现一种独立于委托单位的身份。如果注册会计师具备了实质上的独立，但是报表使用者却认为他们是客户的辩护人，那么审计的作用就会大大降低。因此，报表使用者对这种实质上的独立的信任也很重要。这种信任使得注册会计师必须具备形式上的独立。具体是指审计人员必须与委托人和被审计单位没有任何特殊的利益关系，如不得在客户中有直接经济利益、不能是客户的贷款人、不得与客户存在近亲关系等。

客观和公正。客观指的是遵循事物的本来面目去观察，不添加任何个人主观因素的偏见。审计人员不应当因为个人喜好、利益冲突以及受到他人的干扰而损害自己的职业判断。公正指的是审计人员在开展审计或审阅等服务时，保持坦率诚实，恪守公正，无论是提供何种服务，审计人员都应当维护自身服务的公正性，并在职业判断中保持客观。

（三）专业胜任能力和应有的关注

1. 专业胜任能力。

会员应当保持专业胜任能力，将专业知识和技能始终保持在应有的水平之上，以适应当前实务、法律和技术的发展，确保为客户提供具有专业水准的服务。同时在提供专业服务时，审计人员要保持应有的关注，遵循职业准则和规范，勤勉尽职。审计人员应该具备专业知识、技能和经验，从而有效地完成委托客户交办的任务。若审计人员在缺乏足够的知识、技能和经验的情况下提供审计的业务服务，某种程度上就构成了欺诈；若其承接了难以胜任的业务，就很有可能给广大客户乃至社会公众带来极大的危害。

专业胜任能力方面须注意：第一，不应承接不能胜任的业务；第二，胜任能力包括获取和保持；第三，注重利用专家工作成果。

2. 应有的关注。

应有的关注是要求审计人员勤勉尽责，按照执业准则和职业道德规范的要求，认真、全面、及时地完成工作任务。在审计过程中，会员应当保持职业怀疑态度，运用专业知识、技能和经验，获取和评价审计证据。

（四）保密

注册会计师能否与客户维持正常的关系，有赖于双方能否自愿而又充分进行沟通和交流，不掩盖任何重要的事实和情况。只有这样，注册会计师才能有效地完成工作。如果注册会计师受到客户的严重限制，不能充分了解情况，就无法发表审计意见。同时，注册会计师与客户的沟通，必须建立在为客户信息保密的基础上。因此，注册会计师在签订业务约定书时，应当书面承诺对在执行业务过程中获知的客户信息保密。这里所说的客户信息，通常是指商业秘密。一旦商业秘密被泄露或被利用，往往会给客户造成损失。因此，许多国家规定，在公众领域执业的注册会计师，应当对在提供专业服务过程中获知的信息保密，除非有法定的或专业的披露权利或义务，在未经适当或特别授权的情况下，不得使用或披露任何相关信息。同时，还应确保协助其工作的业务助理人员及其所在的会计师事务所信守保密原则。

（五）职业行为

注册会计师的行为应符合本职业的良好声誉，不得有任何损害职业形象的行为。这一义务要求注册会计师履行对社会公众、客户和同行的责任。例如在推介自身时，注册会计师不得损害职业形象，应当实事求是，不能对其所能提供的服务、自身的资质条件和累积的经验进行夸张的宣传，或对其他审计人员的工作进行贬低。

二、对职业道德基本原则产生不利影响的具体情形

（一）对自身利益产生不利影响的情形

1. 鉴证业务项目组成员在鉴证客户中拥有直接经济利益；
2. 会计师事务所的收入过分依赖某一客户；
3. 鉴证业务项目组成员与鉴证客户存在重要且密切的商业关系；
4. 会计师事务所担心可能失去某一重要客户；
5. 鉴证业务项目组成员正在与鉴证客户协商受雇于该客户；
6. 会计师事务所与客户就鉴证业务达成或有收费的协议；
7. 注册会计师在评价其所在会计师事务所以前提供专业服务时，发现了重大错误。

（二）对自我评价产生不利影响的情形

1. 会计师事务所在对客户提供财务系统的设计或操作服务后，又对该系统的运行有效性出具鉴证报告；

2. 会计师事务所为客户编制原始数据，这些数据构成鉴证业务的对象；

3. 鉴证业务项目组成员担任或最近曾经担任客户的董事或高级管理人员；

4. 鉴证业务项目组成员目前或最近曾受雇于客户，并且所处职位能够对鉴证对象施加重大影响；

5. 会计师事务所为鉴证客户提供直接影响鉴证对象信息的其他服务。

（三）对过度推介产生不利影响的情形

1. 计师事务所推介审计客户的股份；

2. 在审计客户与第三方发生诉讼或纠纷时，注册会计师担任该客户的辩护人。

（四）对密切关系产生不利影响的情形

1. 项目组成员的近亲属担任客户的董事或高级管理人员；

2. 项目组成员的近亲属是客户的员工，其所处职位能够对业务对象施加重大影响；

3. 客户的董事、高级管理人员或所处职位能够对业务对象施加重大影响的员工，最近曾担任会计师事务所的项目合伙人；

4. 注册会计师接受客户的礼品或款待；

5. 会计师事务所的合伙人或高级员工与鉴证客户存在长期业务关系。

（五）对外在压力产生不利影响的情形

1. 会计师事务所受到客户解除业务关系的不利影响；

2. 审计客户表示，如果会计师事务所不同意对某项交易的会计处理，则不再委托其承办拟议中的非鉴证业务；

3. 客户威胁将起诉会计师事务所；

4. 会计师事务所受到降低收费的影响而不恰当地缩小工作范围；

5. 由于客户员工对所讨论的事项更具专业性，注册会计师面临服从其判断的压力；

6. 会计师事务所合伙人告知注册会计师，除非同意审计客户进行不恰当的会计处理，否则将提升影响，以至于无法升职。

三、对违反职业道德基本原则的防范措施

对违反职业道德基本原则的防范措施是指可以消除不利影响或将其降至可接受水平的行动或其他措施，防范措施包括工作环境中的防范措施，工作环境中的防范措施包括会计师事务所层面和具体业务层面的防范措施。在确定采取防范措施的时候，应当运用职业判断，站在一个理性且掌握充分信息的第三方的客观角度。

（一）会计师事务所层面的防范措施

会计师事务所层面的防范措施主要包括：

1. 会计师事务所领导层强调遵循职业道德基本原则的重要性；

2. 会计师事务所领导层倡导鉴证业务项目组成员维护公众利益；

3. 实施和监控项目质量控制的政策和程序；

4. 制定有关政策，以识别对遵循职业道德基本原则的威胁，评价这些威胁的重要程度，采取防范措施以消除威胁或将其降至可接受水平。如果无法采取适当的防范措施，应当终止业务约定或拒绝接受业务委托；

5. 制定要求遵循职业道德基本原则的内部政策和程序；

6. 制定有关政策和程序，以识别会计师事务所或项目组成员与客户之间的利益或关系；

7. 制定有关政策和程序，以监控和管理对来源于某一客户的收入的依赖程度；

8. 当向鉴证客户提供非鉴证服务时，分派不同的合伙人和项目组，并向不同的上级报告工作；

9. 制定有关政策和程序，以防止项目组以外的人员对业务结果产生不当影响；

10. 及时与所有合伙人和专业人员沟通会计师事务所的政策和程序及其变化情况，并就这些政策和程序进行适当的培训和教育；

11. 指定高级管理人员负责监督会计师事务所质量控制系统是否适当运行；

12. 向合伙人和专业人员提出鉴证客户和关联实体的名单，要求与之保持独立性；

13. 建立惩戒机制，以促进对政策和程序的遵循；

14. 公开相关政策和程序，以鼓励和授权员工向会计师事务所的高层反映遵循职业道德基本原则方面的问题。

（二）具体业务层面的防范措施

具体业务层面的防范措施主要包括：

1. 由未涉及非鉴证服务的注册会计师复核已执行的非鉴证工作，或在必要时提供建议；

2. 由鉴证业务项目组以外的注册会计师复核已执行的鉴证工作，或在必要时提供建议；

3. 向客户的独立董事、行业监管机构或其他注册会计师等独立第三方咨询；

4. 与客户治理层讨论职业道德问题；

5. 向客户治理层披露服务性质和收费金额；

6. 请其他会计师事务所执行或重新执行部分业务；

7. 轮换鉴证业务项目组高级员工。

四、独立性

注册会计师在开展审计业务的时候应当运用好职业判断来应用独立性，独立性要求注册会计师采取下列措施：识别对独立性产生影响的因素；评价不利影响的重要程度；必要时采取防范措施消除不利影响或将其降至可以接受的水平。若不能采取有效防范措施以消除不利影响，注册会计师应当考虑消除产生不利影响的因素，或者拒绝接受审计委托或解除审计业务约定。

五、经济利益威胁独立性的情形和防范措施

（一）经济利益

经济利益，是指从某一实体的股票、债券及其他证券，贷款及其他债务工具中获取的利益，包括取得这种利益及与其直接相关的衍生工具的权利和义务。经济利益包括直接经济利益和间接经济利益。

1. 直接经济利益不论大小都会威胁独立性。

2. 间接经济利益只有重大时才会威胁独立性。

（二）威胁独立性的情形和防范措施

1. 经济利益对独立性产生威胁，且没有防范措施的情形，如表 2-1 所示。

表 2-1　**威胁独立性的情形**

会计师事务所、项目组成员或其直系亲属	在审计客户中拥有直接或重大间接经济利益
	在可以对审计客户施加控制的实体中拥有直接或重大间接经济利益
	与审计客户同时在某一实体拥有经济利益 注意：如果该经济利益不重大，且审计客户不能对该实体产生重大影响，则可认为独立性未受到严重的威胁

续表

项目合伙人所在分部的其他合伙人或其直系亲属	在审计客户中拥有直接或重大间接经济利益
为审计客户提供非审计服务的其他合伙人、管理人员或其直系亲属	在审计客户中拥有直接或重大间接经济利益（除非他们的参与程度极低）
会计师事务所、项目组成员或其直系亲属作为信托业务的受托人	在审计客户中拥有直接或重大间接经济利益 注意允许拥有上述利益的情况： 1. 受托人、其直系亲属或会计师事务所均不是信托业务的受益人； 2. 通过信托而在审计客户中拥有的经济利益对该信托并不重大； 3. 该项信托业务不对审计客户产生重大影响； 4. 受托人及其直系亲属或会计师事务所对与审计客户经济利益有关的投资决策没有重大影响

2. 经济利益对独立性产生威胁时能够采取防范措施的情形。

项目组成员近亲属、事务所退休金计划、事务所合伙人在审计客户中拥有经济利益时，会计师事务所应当评价不利影响的严重程度，采取防范措施。

六、贷款和担保以及商业关系和个人关系

（一）贷款和担保

1. 对审计项目组成员：不按照正常的程序和条款、条件提供贷款。针对此情况，没有任何防范措施可以消除这种威胁并降至可接受水平。

按照正常的程序和条款、条件提供贷款，在审计客户存款或交易账户，并且经济利益关系重大。这可能威胁独立性，防范措施包括由未参加审计业务且未接受该贷款的注册会计师来执行工作等。

按照正常的程序和条款，在审计客户存款或交易账户，不会对独立性产生威胁。

2. 对项目组成员及直系亲属：按照正常的程序和条款、条件提供贷款，不会对独立性产生威胁。

从非金融机构取得贷款或为其担保、向审计客户提供贷款或为其担保，除非局部经济利益关系重大，否则没有任何防范措施。

（二）商业关系

商业关系在审计客户、客户高管或其合营的企业中拥有经济利益，与客户拥有捆绑销售、配送业务。

防范措施：对会计师事务所来说，除非经济利益关系降至不重大，否则会计师事务所应当将商业关系降至不重要的程度或终止商业关系，或者拒绝接受或终止审计业务。

对审计的项目组成员来说，除非此类经济利益不重大且商业关系不重要，否则应当将该项目组成员调离项目组。

如果项目组的成员的近亲属与审计客户存在密切的商业关系，注册会计师应当评价威胁的重要程度，并在必要的时候采取防范措施消除或降低威胁至可接受水平。

（三）家庭和个人关系

审计项目组成员与审计客户的董事、管理层或某些特定员工之间存在家庭和个人关系，可能产生自身利益威胁、密切关系威胁、外在压力威胁，威胁存在与否及重要程度取决于多种因素，会计师事务所应当评价威胁的重要程度，再采取措施，防范措施主要有将该项目组成员调离审计组，把对独立性的威胁降至可接受水平，否则会计师事务所应当拒绝或解除审计业务约定书。

七、与审计客户发生雇佣关系威胁独立性的情形和防范措施

（一）前任成员担任审计客户的重要位置且与事务所保持联系，没有任何防范措施可以消除这种威胁或将其威胁水平降至可接受程度。

（二）前任成员担任审计客户的重要位置但未与事务所保持联系，可能产生对独立性的威胁，修改审计计划，评价威胁程度，委派经验丰富人员，由项目组之外的其他注册会计师复核前任审计项目组成员已执行的工作。

（三）拟加入审计客户。关键审计合伙人加入审计客户并担任重要职位将产生自身利益威胁、密切关系威胁和外在压力威胁。除非该合伙人停止作为关键合伙人之后，被审计单位发布的已审计财务报表涵盖期间不少于 12 个月，并且在财务报表审计时该合伙人不是项目组成员，否则没有防范措施可以将威胁降至可接受水平。

（四）审计客户向事务所借调员工。会计师事务所可以短期借调员工，防范措施有：对借调员工的工作进行额外复核，合理安排审计项目组成员的职责，不安排借调成员为项目组成员。

（五）如果会计师事务所的合伙人或员工兼任审计客户的董事或高级管理人员

或公司秘书，将对自我评价和自身利益产生重大的威胁，没有任何防护措施可以消除这种威胁或将其威胁降低至可接受水平。

八、高级职员与审计客户的长期关联对独立性的威胁和防范措施

一个会计师事务所多年以来委派同一名高级职员执行一个客户的审计业务，则可能产生密切关系威胁和自身利益威胁，会计师事务所应当评价其威胁的重要程度，并在必要时采取防范措施以消除威胁或降至可接受水平。

威胁的重要程度主要取决于下列因素：该高级职员担任审计项目组成员的时间长短；该职员在项目组中的角色；会计师事务所的结构；审计业务的性质；客户团队是否发生变动；客户的会计和报告事项的性质或复杂程度是否发生变化。防范措施主要有：一是将该高级职员轮换出审计项目组，执行公众利益实体审计业务的关键合伙人，其任职期间不应超过五年，在这段期间结束后两年内，该人员不应再次成为项目组成员或担任相关客户的关键审计合伙人；二是由项目组之外的其他注册会计师复核该高级职员所执行的工作；三是定期对业务进行内部或外部的独立的质量复核。

九、为审计客户提供非鉴证服务对独立性的威胁和防范措施

如果接受委托向审计客户提供非鉴证服务，注册会计师应当关注提供非鉴证服务可能对独立性产生的威胁。最常见的威胁包括自我评价威胁、自身利益威胁和过度推介威胁。在决定是否接受委托向审计客户提供非鉴证服务之前，会计师事务所应当确定提供该服务是否将对独立性产生威胁。在评价某一特定的非鉴证服务产生威胁的重要程度时，会计师事务所还应当考虑提供其他相关鉴证服务所产生的全部威胁。如果没有防范措施可将威胁降至可接受水平，会计师事务所不应向审计客户提供该项非鉴证服务。

十、收费对独立性的威胁和防范措施

（一）收费结构

如果会计师事务所从某一审计客户收取的全部费用占其收费总额的比重很大，或占某一合伙人所有客户收取的费用的总额比重很大，将产生自身利益威胁，防范措施包括：一是降低对该客户的依赖性；二是就关键的审计判断向第三方咨询；三是由项目组之外的其他注册会计师复核所执行的工作或在必要时提出建议；四是经常实施独立的内部或外部质量控制复核。

（二）逾期收费

如果审计客户长期未支付应付的审计费用，尤其是大部分费用在下一年度出具

审计报告之前仍未支付，可能产生自身利益威胁。防范措施由未参加审计业务的注册会计师提供建议，或复核已执行的工作。

（三）或有收费

在或有收费的方式下，收费与否或多少取决于交易的结果或所执行工作的结果。会计师事务所对审计业务以直接或间接的或有收费方式收取费用，将产生重大的自身利益威胁和过度推介威胁，没有防范措施可以消除威胁或将其降至可接受水平。

会计师事务所为审计客户提供非鉴证服务，如果以直接或间接的或有收费方式收取费用，可能产生自身利益威胁，防范措施可能包括：由项目组之外的其他注册会计师和专业人员复核相关审计工作，或在必要时提供建议；由项目组成员以外的专业人士执行非鉴证业务。

十一、影响独立性的其他事项和防范措施

（一）礼品和招待

接受审计客户的礼品或招待可能产生自身利益威胁和密切关系威胁。如果会计师事务所或审计项目组成员接受礼品或招待，除非价值微小，否则产生的威胁将是重大的，没有防范措施可以将其降至可接受水平。

（二）讼诉或诉讼威胁

如果会计师事务所或审计项目组成员与审计客户发生讼诉或可能发生诉讼，将产生自身利益威胁和外在压力威胁。防范措施包括：将项目组成员调离审计项目组；由其他专业人士复核所执行的工作。

第三节　注册会计师的法律责任

注册会计师的法律责任是指注册会计师在承办业务的过程中，未能履行合同条款，或者未能保持应有的职业谨慎，或出于故意未按专业标准出具合格报告，致使审计报告使用者遭受损失，依照有关法律法规，注册会计师或注册会计师事务所应承担相应的法律责任。

按照应该承担责任的内容不同，注册会计师的法律责任可分为行政责任、民事责任和刑事责任三种，三种责任可以同时追究，也可以单独追究。

一、注册会计师法律责任产生的原因

注册会计师承担法律责任的原因既有外部环境因素又有业界内部因素。改革开

放使我国经济得到了高速发展，但是从目前来看，企业尚未完全达到规范化运作，现行法律法规体系也不健全。另外，由于我国注册会计师事业发展时间不长，会计师事务所的内部管理和注册会计师的自身素质均有待加强，这也是目前诉讼增加的原因之一。

（一）注册会计师法律责任产生的外部环境因素

以上市公司为例，由于管理体制的原因，我国大部分上市公司是由国有企业通过改制、改组形成的。某些企业内部人员控制现象严重，公司法人治理结构形同虚设。目前我国的公司治理结构从表面上看形成了“三会四权”的均衡机制，即股东大会、董事会、监事会和经理层分别行使最终控制权、经营决策权、监督权和经营指挥权。但从实践上看，由于股权的过度集中，董事会、监事会由股东操纵，或由内部人员控制，法人治理结构极不完善。再者，就注册会计师与社会公众和法律界的关系来说，也存在一些对注册会计师执业不利的因素。其一是社会公众的期望偏差。随着市场经济的发展，特别是资本市场的不断扩大，注册会计师的作用和影响越来越大，社会公众对审计的期望值也越来越高。受到损失的社会公众往往将注册会计师作为被告推上法庭，使注册会计师陷入不必要的法律诉讼之中。其二是会计界和法律界也存在某种程度的对立。我们知道，审计人员只能保证审计报告的相对客观、真实与公允，而不能保证其绝对正确。但对于这一点，法律界与职业界却难以达成一致。由于相关法律法规并没有对注册会计师的法律责任做出具体而明确的规定，法官在审理案件时，便依据民法和刑法的基本原理，按过错责任归责。这在无形中扩大了审计人员的责任。

（二）注册会计师法律责任产生的行业内部因素

我国注册会计师行业恢复时间不长。各事务所虽然与原挂靠单位脱钩，但有些事务所还没有完全从旧体制下转变过来，与原挂靠单位之间还有着千丝万缕的联系。这就造成注册会计师执业时对审计风险的考虑不够，为事务所的发展埋下了隐患。另外，目前某些事务所的从业人员素质也达不到要求。事务所里的一些年龄较大的注册会计师资格多由“授予”而来，虽然实践经验丰富，但由于平时审计业务繁忙，业务学习及培训跟不上，对许多新的规章制度了解不够，执业时难免受到一定影响。而很多年轻人，甚至在读书期间就获取了注册会计师资格，到事务所以后没有实际经验，缺少应有的培训和锻炼，只按事务所已设计的审计程序和模式去“照猫画虎”。注册会计师观念上的误区也是导致审计失败的因素。首先，注册会计师坚持的合法性概念与司法界和社会公众不同，注册会计师强调的是过程，即是否按照独立审计准则的要求实施了相应的审计程序，而司法界和社会公众强调的是结果，即审计人员是否有过错，若注册会计师无视这种“期望差距”，一旦被诉则很难抗辩；其次，简单地认为独立审计准则并非为发现舞弊所设计，于是只关注错报和漏报事项。

（三）会计师事务所和注册会计师的自身原因

注册会计师没有保持应有的职业谨慎，导致了对他人权益的损害，主要有违约、过失和欺诈三种行为。

违约：合同的一方或几方未能达到合同条款的要求，当违约给他人造成损失时，注册会计师应负违约责任。

过失：当因过失而给他人造成损失时，注册会计师应负过失责任。普通过失是指没有保持职业上应有的职业谨慎，对注册会计师则是指没有完全遵循专业准则的要求。重大过失是指连起码的职业谨慎都不保持，根本没有遵循专业准则或没有按专业准则的基本要求执行审计。共同过失即面对他人的过失，受害方自己未能保持合理的谨慎，因而蒙受损失。

欺诈：一种以欺骗或坑害他人为目的的故意的错误行为。对于注册会计师而言是指明知委托单位的财务报表有重大错报，却加以虚伪的陈述，出具无保留意见的审计报告。

二、注册会计师避免法律诉讼的具体对策

正如以上所述，由于主客观因素，注册会计师作为一名“警察”，不可避免地会被引入是非旋涡，注册会计师在执业过程中为避免法律诉讼应掌握的具体对策，可以概括为以下几点：

（一）严格遵循职业道德和专业标准的要求

不能苛求注册会计师对于会计报表中的所有错报事项都承担法律责任，但注册会计师是否应承担法律责任，关键在于注册会计师是否有过失或欺诈行为。而判别注册会计师是否具有过失的关键在于注册会计师是否遵循专业标准的要求来执业。因此，保持良好的职业道德、严格遵循专业标准的要求执行业务、出具报告，对于避免法律诉讼或在提起的诉讼中保护注册会计师具有无比的重要性。

（二）建立健全会计师事务所质量控制制度

会计师事务所不同于一般的公司、企业，质量管理是会计师事务所各项管理工作的核心和关键。如果一个会计师事务所质量管理不严，很有可能由于某一个人或一个部门的原因导致整个会计师事务所遭受重灾。会计师事务所必须建立健全一套严密、科学的内部质量控制制度，并把这套制度应用于每一个人、每一个部门和每一项业务，使注册会计师按照专业标准的要求执业，保证整个会计师事

务所的质量。

(三) 与委托人签订业务约定书

按规定，当注册会计师承办业务时，会计师事务所应与委托人签订委托合同(即业务约定书)。业务约定书具有法律效力，它是确定注册会计师和委托人责任的一个重要文件。会计师事务所不论承办何种业务，都要按照业务约定书准则的要求与委托人签订约定书，这样才能在发生法律诉讼时将一切口舌争辩减少到最低限度。

(四) 谨慎选择被审计单位

中外注册会计师法律案例告诉我们，注册会计师如欲避免法律诉讼，必须慎重地选择被审计单位。一是要选择正直的被审计单位，如果被审计单位没有正直的品格（如前述的银广夏公司)，也必然会蒙骗注册会计师，使注册会计师落入它们设定的圈套；二是对陷入财务和法律困境的被审计单位要尤为注意，周转不灵或面临破产的公司的股东或债权人总想为他们的损失寻找替罪羊。

(五) 提取风险基金或购买责任保险

提取风险基金或购买责任保险是会计师事务所一项极为重要的保护措施，尽管保险无法免除可能受到的法律诉讼，但能防止或减少诉讼失败时会计师事务所遭受的财务损失。我国也规定了会计师事务所应当按规定建立职业风险基金，办理职业保险以规避风险。

(六) 聘请熟悉注册会计师法律责任的律师

会计师事务所应尽可能聘请熟悉相关法规及注册会计师法律责任的律师。在执业过程中，如遇重大法律问题，注册会计师应同本所的律师或外聘律师详细讨论所有潜在的危险情况，并仔细考虑律师的建议。一旦发生法律诉讼，也应请有经验的律师参与诉讼。

随着市场经济体制在我国的建立和迅速发展，注册会计师在社会经济生活中的地位越来越重要，发挥的作用也越来越大。因此，强化注册会计师的责任意识，严格注册会计师的法律责任，以保证其职业道德和执业质量，其意义就显得越重大。

三、注册会计师承担的民事责任、行政责任和刑事责任

行政责任是指注册会计师违反了法律、法规的有关规定，政府主管部门依法对其进行行政处罚，包括对会计师事务所给予警告、没收违法所得、罚款、暂停执

业、撤销等，以及对注册会计师给予警告、暂停执业、吊销注册会计师证书和宣布其为市场禁入者等。民事责任是指当会计师事务所给他人造成经济损失时，应予以赔偿，民事责任又包括对委托人的责任和对第三者的责任。刑事责任是指注册会计师犯有刑律禁止的行为（如欺诈），从而受到刑事追究（如判处一定期限的徒刑）。

◎ 知识小结

本章节主要介绍了注册会计师执业时应当遵守的审计准则、审计人员职业道德规范和注册会计师应承担的法律责任。

第一节介绍了审计准则的概念、审计准则的一般内容、鉴证业务和会计师事务所的质量控制准则。第二节着重介绍了审计人员的职业道德规范，对职业道德基本原则产生不利影响的具体情形、对违反职业道德基本原则的防范措施，经济利益威胁独立性的情形和防范措施，贷款和担保威胁独立性的情形和防范措施，商业关系威胁独立性的情形和防范措施，家庭和个人关系威胁独立性的情形和防范措施，与审计客户发生雇佣关系威胁独立性的情形和防范措施，高级职员和审计客户长期关联对独立性的威胁和防范措施，为审计客户提供非鉴证服务对独立性的威胁和防范措施，收费对独立性的威胁和防范措施，影响独立性的其他事项和防范措施。第三节介绍了注册会计师法律责任的类型、法律责任的产生原因以及防范法律责任的措施。

◎ 课后练习

一、简答题

1. 什么是审计准则？
2. 注册会计师的职业道德基本原则是什么？
3. 什么是独立性？
4. 威胁独立性的情形有哪些？相应的防范措施是什么？
5. 注册会计师法律责任的成因有哪些？
6. 什么是过失？它分为哪几种？
7. 对注册会计师职业道德产生影响的情形有哪些？

二、单项选择题

1. 注册会计师事务所如果无法胜任或不能按时完成审计或鉴证业务，应该（　　）。

A. 聘请其他专家协助　　B. 拒绝接受委托

C. 减少审计费用　　D. 转包给其他会计事务所

2.（　　）指注册会计师没有完全遵循执业准则的要求。

A. 普通过失　　B. 欺诈

C. 重大过失　　　　　　　　　　D. 违约

3. 会计师事务所给他人造成经济损失的，要承担赔偿责任，这是会计师事务所要承担(　　)。

A. 行政责任　　　　　　　　　　B. 刑事责任

C. 民事责任　　　　　　　　　　D. 道德责任

4. (　　)在注册会计师鉴证业务准则中起到统领作用。

A. 鉴证业务准则指南　　　　　　B. 审阅准则

C. 审计准则　　　　　　　　　　D. 鉴证业务基本准则

5. 下列情形中，(　　)对注册会计师执行审计业务的独立性影响最大。

A. 注册会计师的母亲退休前担任被审计单位工会的文艺干事

B. 注册会计师的配偶现在是被审计单位开户银行的业务骨干

C. 注册会计师的子女按就近原则在被审计单位的子弟小学读书

D. 注册会计师的妹妹大学毕业后在被审计单位担任现金出纳

6. 下列各项中，属于“对同行的责任”职业道德的要求是(　　)。

A. 不以向他人支付佣金等不正当方式招揽业务

B. 不允许他人借用本人、本所的名义承接业务

C. 注册会计师不以个人名义同时在两家或两家以上的会计师事务所执业

D. 不承接不能按时完成的业务

7. 我国注册会计师职业道德规范要求会计师事务所和注册会计师应当考虑关联关系对独立性的损害。按照这一规定，鉴证客户的董事、经理、其他关键管理人员或能对鉴证业务产生直接重大影响的员工可以(　　)。

A. 于审计业务完成后在会计师事务所工作

B. 是与鉴证小组成员关系密切的家庭成员

C. 向注册会计师提供超过社会礼仪的款待

D. 是会计师事务所的前任高级管理人员

三、多项选择题

1. 我国注册会计师职业道德的一般原则对(　　)方面作了明确的规定。

A. 独立性　　　　　　　　　　B. 技术准则

C. 专业胜任能力　　　　　　　D. 职业行为

2. 甲会计师事务所承接了某鉴证客户的财务报表审计业务。假定存在以下各种情况，请指出影响鉴证业务独立性的情况是(　　)。

A. 鉴证小组成员李四的妻子多年来一直担任鉴证客户的质量检验员

B. 鉴证客户的财务经理三年前是甲会计师事务所的签字注册会计师

C. 鉴证小组组长张三的父亲从事小商品零售业务，常从鉴证客户进货

D. 鉴证客户赠送两辆高级轿车供甲会计师事务所所长使用

3. 当识别出损害独立性的因素时，事务所和注册会计师应采取措施消除这种影响或将其降低至可接受水平。当不足以消除损害独立性因素的影响，或不足以将该影响降低至可接受水平时，会计师事务所应当拒绝承接业务或解除业务约定。请分析以下情况，指出会计师事务所只有解除业务约定才能保持独立性的情形是(　　)。

A. 会计师事务所的前高级管理人员是鉴证客户的能够对鉴证业务产生直接重大影响的员工

B. 会计师事务所的签字注册会计师与鉴证客户长期交往

C. 与鉴证小组成员关系密切的家庭成员是鉴证客户的能够对鉴证业务产生直接重大影响的员工

D. 会计师事务所的高级管理人员与鉴证客户长期交往

4. V会计师事务所的注册会计师李X曾经担任Y公司的秘书。在确定Y公司2016年度财务报表的审计小组成员时，V事务所的业务主管需要根据李X任职的具体情况决定是否能派李X参加审计小组。以下情形中，影响李X审计独立性的是(　　)。

A. 李X曾于2013年担任Y公司的L总经理秘书，该总经理现任Y公司的副董事长

B. 李X曾于2015年担任Y公司的M董事长秘书，该董事长已于2010年定居国外

C. 李X曾于2016年上半年担任Y公司N主管财务的副总经理的秘书，该副总经理已于2016年8月离职

D. 李X曾于2014年担任Y公司主管生产的P副总经理的秘书，该副总经理已于2015年办理了离休手续

5. 王X是T会计师事务所的注册会计师。其夫是B公司的财务人员，专门登记应收账款明细账。T事务所承接了B公司2016年度财务报表审计业务后，由于事务所人员严重短缺，决定派王X加入B公司审计小组，并要求项目经理对王X的工作做适当安排，以维护审计的独立性。项目经理对王X安排了如下的工作，其中你认为不影响独立性的工作是(　　)。

A. 审查累计折旧的计提项目

B. 函证银行存款，编制银行存款余额调节表

C. 审查当年发生的坏账损失

D. 审查实收资本、盈余公积、资本公积项目

6. 会计师事务所应当从整体上采取措施维护其独立性，但当维护措施不足以消除损害独立性因素的影响或将其降至可接受水平时，会计师事务所应当(　　)。

A. 拒绝承接业务　　　　B. 解除业务约定

C. 出具保留意见审计报告　　D. 出具无法表示意见审计报告

7. 中国注册会计师职业道德对注册会计师的专业胜任能力作了专门规定，规定要求注册会计师(　　)。

A. 应当具有专业知识、技能或经验

B. 能经济有效地完成客户委托的业务

C. 对所聘专家的专业工作进行监督

D. 指导所聘专家遵循职业道德

8. 下列各项中，属于注册会计师职业道德准则中有关专业胜任能力与技术规范要求的是(　　)。

A. 注册会计师执行业务时，应当妥善计划，并对业务助理人员的工作进行指导、监督和复核

B. 注册会计师对有关业务形成结论或提出意见时，应当以充分、适当的证据为依据，得以其职业身份对未审计或其他未鉴证事项发表意见

C. 注册会计师对审计过程中发现的违反会计准则及国家其他相关技术规范的事项应当按照独立审计准则的要求进行适当处理

D. 注册会计师应当保持和提高专业胜任能力，遵守独立审计准则等职业规范，合理运用会计准则及国家相关技术规范

9. 在有关保守客户信息秘密的下列说法中，你认为正确的是(　　)。

A. 注册会计师与客户的沟通是以保守客户信息机密为前提的

B. 在审计业务约定书中应书面承诺保密的义务

C. 如果客户存在违法行为，则面临着强制注册会计师披露客户信息的要求

D. 保密的要求不因为业务的终结而终止

10. 下列各项中，符合注册会计师职业道德规范的有(　　)。

A. 会计师事务所通过新闻媒体发布招聘信息，但未对其能力做不实宣传

B. 注册会计师在其名片上印有姓名、专业资格、职务及社会职务

C. 会计师事务所的员工担任被审计单位的独立董事

D. 会计师事务所没有雇用正在其他会计师事务所执业的注册会计师

11. 在确定审计收费时，会计师事务所应当考虑以下(　　)因素，以客观反映为客户提供专业服务的价值。

A. 专业服务所需的知识和技能

B. 所需专业人员的水平和经验

C. 每一专业人员提供服务所需的时间

D. 提供专业服务所需承担的责任

12. 按照职业道德规范，会计师事务所(　　)。

A. 不得在为上市公司提供审计服务的同时代编财务报表

B. 在为客户提供了管理咨询服务后，还可接受审计委托

C. 不得允许其职员兼任鉴证客户的董事、经理及其他关键管理职务

D. 对同一家上市公司提供的资产评估和审计业务必须由不同的人员来执行

四、简答题

1. ABC会计师事务所接受XYZ公司委托，对其2016年度财务报表进行审计。ABC会计师事务所准备委派注册会计师A和B执行审计，若存在下列情况，判断会计师事务所或注册会计师A和B的独立性是否可能会受到影响，逐一分析说明情况。

（1）ABC会计师事务所收费主要来源于XYZ公司。

（2）注册会计师A的妻子是XYZ公司的一名普通销售员。

（3）会计师事务所租赁XYZ公司的办公楼作为办公场所。

（4）XYZ公司的董事是ABC会计师事务所的前高级管理人员。

（5）注册会计师B的哥哥拥有XYZ公司少量股票。

（6）在某项重大会计问题上与XYZ公司存在意见分歧，XYZ公司就是由于该问题与前任会计师事务所意见无法达成一致而变更委托的。

（7）ABC会计师事务所的合伙人A注册会计师目前担任XYZ公司的独立董事。

（8）注册会计师B的女儿自2014年度起一直担任XYZ公司的统计员。

（9）注册会计师A的外甥拥有XYZ公司大量股票。

2. 2017年2月12日，ABC会计师事务所接受W有限责任公司的委托，对2016年度财务报表进行审计，委派A、B注册会计师及助理人员进行外勤审计工作，A、B注册会计师是ABC会计师事务所的发起人，任审计部正副经理。W公司属于IT民营企业，其最主要的出资者为X，占有51%的股权，X担任董事长。B注册会计师与X共同出资设立BX公司，B注册会计师只拥有30%的份额。

要求：

（1）请根据注册会计师职业道德规范指导意见的要求，判别ABC会计师事务所接受XYZ有限责任公司的委托是否恰当，并说明理由。如果要接受委托，ABC会计师事务所应采取何种措施？

（2）如果ABC会计师事务所接受委托，是否可以委派B注册会计师进行审计？

第三章　审计方法和审计程序

任务目标

1. 掌握管理层责任的定义；
2. 掌握管理层认定的含义；
3. 掌握管理层认定的类别；
4. 理解审计目标的定义和层次分类；
5. 掌握审计方法；
6. 掌握审计程序。

【情景案例】

2016 年 11 月 29 日，深圳证监局发布通告，瑞华会计师事务所（特殊普通合伙）及注册会计师李细辉、吴亚亚在新三板公司海格物流审计过程，违反了《中国注册会计师执业准则》的有关要求及《非上市公众公司监督管理办法》第六条的规定。决定对瑞华会计师事务所及注册会计师李细辉、吴亚亚采取出具警示函的监督管理措施。

依据《中华人民共和国证券法》的有关规定，深圳证监局对瑞华会计师事务所深圳分所执行的新三板挂牌公司深圳市海格物流股份有限公司（以下简称“海格物流公司”）2014 年年报审计项目（报告文号：瑞华审字［2015］48250010）进行了检查。经查，瑞华会计师事务所在执业中存在以下问题：

对于其他应收款涉及的关联往来未执行充分的审计程序。2014 年期间，海格物流公司与奥世迈公司有大额往来，借方、贷方合计发生额分别为 6371 万元、6353 万元。瑞华会计师事务所在审计计划阶段了解被审计单位业务以及对其他应收款凭证抽查时，了解到公司的控股股东为深圳市奥世迈实业有限公司，最终控制方为梅春雷，并抽查了海格物流与奥世迈往来的凭证。对于上述海格物流与奥世迈之间存在的大额关联往来，瑞华会计师事务所并未予以特别关注，未进一步执行交易的审计程序，未发现控股股东占用海格物流资金的情况。

资料来源：《深圳证监局关于对瑞华会计师事务所（特殊普通合作）及注册会计师李细辉、吴亚采取出具警示函措施的决定》，2016年第60号。

◎**思考问题：**

如何确定审计目标？如何根据审计目标采取合适的审计程序？

第一节　管理层认定和审计目标

一、管理层认定的含义

管理层认定（assertion）是管理层对财务报表组成要素的确认、计量、列报所作出的明确或隐含的表达。管理层在财务报表上的认定有些是明确表达的，有些则是隐含表达的。例如，管理层在资产负债表中列报货币资金200万元，意味着作出了下列明确的认定：（1）记录的货币资金是存在的；（2）货币资金以恰当的金额包含于财务报表中，与之相关的计价已恰当记录。同时，管理层也作出下列隐含的认定：（1）所有应当记录的货币资金均已记录；（2）记录的货币资金都由被审计单位拥有。

二、管理层认定的类别

管理层认定分为三类：

（1）与所审计期间各类交易和事项相关的认定：发生、完整性、准确性、截止、分类；

（2）与期末账户余额相关的认定：存在、权利和义务、完整性、计价和分摊；

（3）与列报和披露相关的认定：发生以及权利和义务、完整性、分类和可理解性、准确性和计价。

由上可以看出：（1）与所审计期间各类交易和事项相关的认定，是对于过程的认定，从财务报表上看，利润体现的是一个期间的经营成果，那么通常来说，利润表项目涉及的认定就是与各类交易和事项相关的认定，比如营业收入的发生等；（2）与期末账户余额相关的认定，是对时点的考量，针对期末这个时点的静态值，从财务报表上看，资产负债表体现的是期末这个时点的财务状况，那么通常来说，资产负债表项目涉及的认定主要是与期末账户余额相关的认定，比如存货的存在；(3) 与列报和披露相关的认定，表达的就是上述两类认定最终是如何在报表中列报和披露的问题。学生在做题时按照以上思路处理即可，比如某销售交易没有发生但却记录了，问违反营业收入的何种认定，此时应该选择发生认定，因为这是对利润表项目而言的，所以应该选择发生认定并应该找与所审计期间各类交易和事项有关的认定；如果要求说明违反应收账款的何种认定，那么应该选择存在认定，即与期末账户余额有关的认定。

三、审计目标

审计目标是在一定的历史环境下，审计主体通过审计实践活动所期望达到的境地或最终结果。具体来说分为审计总目标和审计具体目标两个层次。

《中国注册会计师审计准则第 1101 号——财务报表审计的目标和一般原则》规定，财务报表审计的目标是注册会计师通过执行审计工作，对财务报表的下列方面发表审计意见：

首先，对财务报表整体是否存在由于舞弊或错误导致的重大错报获取合理保证，注册会计师能够对财务报表是否在所有重大方面按照适用的财务报告编制和基础编制发表审计意见；按照审计准则的规定，根据审计结果对财务报表出具审计报告，并与管理层和治理层沟通。

注册会计师根据管理层认定，确定每个项目的具体审计目标，并以此作为评估重大错报风险以及设计和实施进一步审计程序的基础。

(一) 与各类交易和事项相关的审计目标

1. 发生：由发生认定推导的审计目标为已记录的交易是真实的。例如，如果没有发生销售交易，但在销售日记账中记录了一笔销售，则违反了该目标。

发生认定所要解决的问题是管理层是否把那些不曾发生的项目记入财务报表，它主要与财务报表组成要素的高估有关。

2. 完整性：由完整性认定推导的审计目标为已发生的交易确实已经记录。例如，如果发生了销售交易，但没有在销售日记账和总账中记录，则违反了该目标。

发生和完整性两者强调的是相反的关注点。发生目标针对潜在的高估，而完整性目标则针对漏记交易（低估）。

3. 准确性：由准确性认定推导出的审计目标为已记录的交易是按正确金额反映的。例如，如果在销售交易中，发出商品的数量与账单上的数量不符，或是开账单时使用了错误的销售价格，或是账单中的乘积或加总有误，或是在销售日记账中记录了错误的金额，则违反了该目标。

准确性与发生、完整性之间存在区别。例如，若已记录的销售交易是不应当记录的（如发出的商品是寄销商品），则即使发票金额是准确计算的，仍违反了发生目标。再如，若已入账的销售交易是对正确发出商品的记录，但金额计算错误，则违反了准确性目标，但没有违反发生目标。在完整性与准确性之间也存在同样的关系。

4. 截止：由截止认定推导出的审计目标为确认接近资产负债表日的交易记录于恰当的期间。例如，如果本期交易推到下期，或下期交易提到本期，均违反了截止目标。

5. 分类：由分类认定推导出的审计目标为被审计单位记录的交易得到适当分类。例如，如果将现销记录为赊销，将出售经营性固定资产所得的收入记录为营业收入，则导致交易分类的错误，违反了分类的目标。

（二）与期末账户余额相关的审计目标

1. 存在：由存在认定推导的审计目标是记录的金额确实存在。例如，如果不存在某顾客的应收账款，在应收账款试算平衡表中却列入了对该顾客的应收账款，则违反了存在性目标。

2. 权利和义务：由权利和义务认定推导的审计目标是资产归属于被审计单位，负债属于被审计单位的义务。例如，将他人寄售商品记入被审计单位的存货中，违反了权利目标；将不属于被审计单位的债务记入账内，违反了义务目标。

3. 完整性：由完整性认定推导的审计目标是已存在的金额均已记录。例如，如果存在某顾客的应收账款，在应收账款试算平衡表中却没有列入对该顾客的应收账款，则违反了完整性目标。

4. 计价和分摊：资产、负债和所有者权益以恰当的金额包含于财务报表中，与之相关的计价或分摊调整已恰当记录。

（三）与列报相关的审计目标

各类交易和账户余额的认定正确只是为列报正确打下必要的基础，财务报表还可能因被审计单位误解有关列报的规定或舞弊等而产生错报。另外，还可能因被审计单位没有遵守一些专门的披露要求而导致财务报表错报。即使注册会计师审计了各类交易和账户余额的认定，实现了各类交易和账户余额的具体审计目标，也不意味着获取了足以对财务报表发表审计意见的充分、适当的审计证据。因此，注册会计师还应当对各类交易、账户余额及相关事项在财务报表中列报的正确性实施审计。

1. 发生及权利和义务：将没有发生的交易、事项，或与被审计单位无关的交易和事项纳入财务报表中，则违反该目标。例如，复核董事会会议记录中是否记载了固定资产抵押等事项，询问管理层固定资产是否被抵押，即是对列报的权利认定的运用。抵押固定资产则需要在财务报表中列报，说明其权利受到限制。

2. 完整性：如果应当披露的事项没有包括在财务报表中，则违反该目标。例如，检查关联方和关联交易，以验证其在财务报表中是否得到充分披露，即是对列报的完整性认定的运用。

3. 分类和可理解性：财务信息已被恰当地列报和描述，且披露内容表述清楚。例如，检查存货的主要类别是否已披露，是否将一年内到期的长期负债列为流动负债，即是对列报的分类和可理解性认定的运用。

4. 准确性和计价：财务信息和其他信息已被公允披露，且金额恰当。例如，检查财务报表附注是否分别对原材料、在产品和产成品等存货成本核算方法作了恰当说明，即是对列报的准确性和计价认定的运用。

【拓展阅读】

管理层认定、审计目标和审计程序之间的关系

管理层认定是确定具体审计目标的基础。注册会计师通常将管理层认定转化为能够通过一定审计程序予以实现的审计目标。针对每一项目呈现出来的认定，应当确认多项审计目标，接着实施一系列审计程序以获得充分适当的审计证据来实现审计目标。具体来说管理层认定、审计目标和审计程序之间的关系见表3-1。

表3-1　管理层认定、审计目标和审计程序的关系

管理层认定	审计目标	审计程序
存在	资产负债表列示的存货确实存在	实施存货监盘程序
权利和义务	记录的应收账款归属于被审计单位	以应收账款明细账为起点，检查销售合同，确定是否已贴现、出售或质押
完整性	记录的销售收入中包括所有已发货的交易	检查发运凭证、销售发票，并追查至销售收入明细账
准确性	应收账款反映的销售业务是否基于正确的价格和数量，计算是否准确	比较价格清单与发票上的价格、发货单与销售订购单上的数量是否一致，并重新计算发票上的金额
计价和分摊	应收账款以恰当的金额包括在财务报表中，与之相关的计价或分摊调整已被恰当记录	检查期后已收回应收账款情况；分析应收账款账龄，确定坏账准备计提是否恰当
截止	销售业务记录在恰当的期间	比较上一年度最后几天和下一年度最初几天的发运凭证与记账日期

第二节 审计方法

一、审计方法的定义

审计方法是指审计人员在审计过程中，检查和分析审计对象、收集相关审计证据，并依据审计证据形成审计结论和意见，实现审计目标的一种手段，一切对于审计人员取得证据有用的方法都可以视作审计方法。

二、审计方法的选用原则

在选用审计方法时，必须遵循以下原则：

（1）审计方法的选用要适应审计的目的。审计方法的选用，一般来说，对审计中的重大问题可采用详查方法，一般问题则可采用抽查法。

（2）应与被审计单位的具体条件和实际需要相适应。在被审计单位内部控制制度健全、经营管理得当、财会工作有条不紊的情况下，可以采用局部审计或抽样审计。反之，在经营管理混乱、财会工作不力、内部控制制度不健全的情况下，则必须采用全部审计或详细审计，而不宜采用局部审计或抽样审计。

（3）审计方法的选用要联系被审计单位的实际。

（4）审计方法的选用要与审计方式或审计工作的地点相适应。

三、审计方法的分类

目前我国常用的审计方法，可以按照工作的先后顺序和审计工作的范围或详简程度而进行两种分类，前者如顺查法和逆查法；后者如详查法和抽样法。

（一）顺查法与逆查法

审计的一般方法，按照审计工作的顺序和会计业务处理程序的关系，有顺查法和逆查法之分。

1. 顺查法，又叫正查法，它是按照会计核算的处理程序依次对证、账、表各个环节进行检查核对的一种方法。其特征：一是从审查原始凭证出发，着重审查和分析经济业务是否真实、正确、合法，核对证证是否相符；二是审查记账凭证，查明会计科目处理、数额计算是否正确、合规，核对证证是否相符；三是审查会计账簿，查明记账、过账是否正确，核对账证、账账是否相符；四是审查和分析会计报表，查明报表各项目是否正确完整，核对账表、表表是否相符。

对于内部控制制度不够健全、账目比较混乱、存在问题较多的被审计单位，采用顺查法较为适宜。其优点是系统、全面，可以避免遗漏。其缺点是工作量大，耗费人力、时间太多，不利于提高审计工作效率，降低审计成本。

2. 逆查法，又叫倒查法，它是按照会计核算相反处理程序，依次对表、账、证各个环节进行检查核对的一种方法。其特征：一是从审查和分析被审计单位会计报表出发，从中发现和找出异常和有错弊的项目，据以确定下一步审查的线索和重点；二是根据所确定的可疑账项和重要项目，追溯审查会计账簿，进行账表、账账核对；三是进一步追查记账凭证和原始凭证，进行账证、证证核对，以便查明主要问题的真相和原因及结果。

此法的优点是可以节省审计的时间和人力，有利于提高审计工作效率和降低审计成本。其缺点是不能全面地审查问题，容易出现遗漏，并且此法要求审计工作人员必须具有一定的分析判断能力和实际工作经验。

（二）详查法与抽样法

审计方法按照审查经济业务资料的规模大小和收集审计证据的范围的大小不同，又有详查法和抽样法之分。

1. 详查法，又称详细审计，是指对被审计单位一定时期内的所有凭证、账簿和报表等会计资料和其反映的财务收支和经济活动进行详细的审核检查，以查明被审计单位或被审计项目所存在的各种差错和舞弊。此法的优点是容易查出问题，审计风险较小，审计结果比较正确。缺点是工作量较大，审计成本较高。

2. 抽样法，又称抽样审计，是指从被审单位审查期的全部会计资料抽取其中的一部分进行审查，并根据审查结果，推断总体有无错误和舞弊的一种方法。此法的优点是可以减少审计的工作量，降低审计成本。缺点是有较大局限性，如果样本选择不当，就会使审计人员作出错误的结论，审计风险较大。

在运用抽样审计方法的过程中，审计人员应特别注意所选取的样本是否能够代表总体，否则就不能保证由抽样结果推断到总体特征具有合理性和可靠性。

常用的抽样法有判断抽样法、任意抽样法和统计抽样法三种。（1）判断抽样法，是根据审计目的、被审单位内部控制完备程度和所需要的证据，由审计人员根据经验，由选择性、有重点性地对被审计单位总体中的一部分内容进行审计，并由此对总体做出判断的方法。（2）任意抽样法，即审计人员在总体中任意抽取一部分样本进行审计，该法审计证据风险较大，带有极大的偶然性和任意性。（3）统计抽样法，是审计人员运用概率论的基本原理，按照随机原则在审计总体中抽取一定数量的样本进行审计，再由样本结果推断样本总体特征。

第三节　审计程序

审计程序是指注册会计师在审计的过程中，对将要获取的审计证据进行收集的详细程序。注册会计师通过实施审计程序，获取充分、适当的审计证据，用来满足对财务报告发表适当意见的需要。注册会计师可以通过单独或组合执行下述程序，用于风险评估程序和实质性程序，但并不适用于控制测试。

一、检查

检查文件或记录是指注册会计师对被审计单位内部或外部生成的，以纸质、电子或其他介质形式存在的记录或文件进行审查，或对实物有形资产进行实物审查。文件和记录包括原始凭证、会计账簿、财务报表等。检查文件或记录的目的是为了对财务报表里包含的信息进行进一步验证。例如在一个酒类销售公司，通过检查某笔交易中的客户订单、出库单、销售发票等验证该笔酒类销售事项的真实性。

检查记录或文件可以提供可靠程度不同的审计证据，审计证据的可靠性取决于记录或文件的性质和来源，而在检查内部记录或文件时，其可靠性则取决于生成该记录或文件的内部控制的有效性。

检查有形资产是注册会计师对资产的实体进行审查，检查实物有形资产主要适用于存货、现金、有价证券、应收票据和固定资产等。通过检查可以为有形资产提供存在的认定，这是评价资产质量的一种可靠方式，比如在一个销售酒类的公司里定期对仓库中酒类存货的盘点可以知道存货的实际损耗情况，可为其存在提供可靠的审计证据，但不一定能够为权利和义务或计价等认定提供可靠的审计证据。

二、观察

观察是注册会计师察看相关人员正在从事的活动或执行的程序。注意：观察提供的审计证据仅限于观察发生的时点。当被审查的相关人员已知被观察时，他从事有关业务或执行程序和平常很可能会不同，观察此时就不能提供充分的审计证据，审计证据这时候说服力就不够。

三、询问

询问是指注册会计师以书面或口头方式，向被审计单位内部或外部的知情人员获取财务信息和非财务信息，并对答复进行评价的过程。例如询问销售人员的公司商品的销售情况。注意：询问本身不足以发现认定层次存在的重大错报，也不足以测试内部控制运行的有效性，注册会计师应当实施其他有效的审计程序以获取充分适当的审计证据。

四、函证

函证是指注册会计师为了获取影响财务报表或相关披露认定的项目的信息，通过直接来自第三方的对有关信息和现存状况的声明，获取和评价审计证据的过程。

通过函证获取的证据可靠性较高，因此，函证是受到高度重视并经常被使用的一种重要程序。函证分为肯定式函证和否定式函证。肯定式函证又称为积极式函证，否定式函证又称为消极式函证。

（1）积极式函证就是向债务人发出询证函，要求其证实所函证的欠款是否正确，无论对错都要求复函。

（2）消极式函证，它是向债务人发出询证函。但所函证的款项相符时不必复函，只有不符时才要求债务人复函。

这两种方式各有优缺点，前者所获取的审计证据较为可靠，但审计成本较高；后者因不可知因素的存在，所获取的审计证据较前者来说不可靠，但成本相对较低。这里值得注意的是，对于重要的应收账项不应以审计成本的高低作为减少审计程序的理由。

具体采用哪种方式应根据不同情况做出选择：当个别账户欠款金额较大，或有理由相信欠款可能会存在争议、差错等问题时，采用肯定式函证。当符合以下所有条件时，可采用否定式函证：相关的内部控制是有效的；预计差错率较低；欠款余额小的债务人数量很多；有理由确信大多数被函证者能认真对待询证函，并对不正确的情况予以反馈。

这里应注意，上述函证方式的选择并不是绝对的，有时候两种方式结合起来使用，将其优缺点互补，可能会更适宜，例如，按照重要性原则，对于大余额账项采用肯定式函证，对于小余额账项则采用否定式函证。

五、重新计算

重新计算是指注册会计师以人工方式或使用计算机辅助审计技术，对记录或文件中的数据计算的准确性进行核对。例如，对销售酒类的公司每日销售发票和存货的总金额总账、加总日记账和明细账、检查折旧费用和待摊费用摊销、个人所得税应纳税额的计算等。

六、重新执行

重新执行是指注册会计师以人工方式或使用计算机辅助审计技术，重新独立执行作为被审计单位内部控制组成部分的程序或控制。例如注册会计师利用企业获得的银行对账单和银行存款日记账，重新编制企业的银行存款余额调节表，然后再与被审计单位编制的银行余额调节表进行比对，查找差异。

七、分析程序

分析程序是指注册会计师通过分析不同财务数据之间以及财务数据与非财务数据之间的内在关系，对财务信息作出评价。分析程序还包括在必要时对识别出的、与其他相关信息不一致或与预期值差异重大的波动或关系进行调查。

第四节　审 计 范 围

一、审计范围的定义

审计范围是为了实现审计的目标，注册会计师根据审计准则和职业判断实施恰当的审计程序的综合。

二、审计程序的性质

审计程序的性质是指审计程序的目的和类型，主要有：风险评估程序，用以了解被审计单位和所处的环境，识别重大错报风险；控制测试程序，用以确定被审计单位内部控制运行的有效性；实质性程序，用以发现被审计单位认定层次的重大错报。审计程序的类型包括检查、观察、询问、函证、重新计算、重新执行和分析程序。

三、审计程序的范围

审计程序的范围是指实施审计程序的数量，包括抽取的样本量，对某项控制活动的观察次数等。但是在实际的审计实施过程中，审计范围常常受到各种限制。受到限制是由于客观原因或被审计单位施加干扰，注册会计师不能实施恰当的审计程序，不能获得充分适当的审计程序。比如，对航空公司的所有飞机进行固定资产盘点，但因其部分飞机正执行航班任务处于飞行状态，无法对账上所有飞机进行盘点。审计范围受限的话很可能影响审计报告的类型。

四、审计范围确定的依据

注册会计师应当根据职业判断和审计准则来确定审计范围。

◎ 知识小结

本章首先介绍了管理层认定的含义、管理层认定的类别、审计目标；其次介绍了审计方法和审计程序，其中审计程序主要有检查、观察、询问、函证、重新计算、重新执行和分析程序；最后介绍了审计程序的性质、时间及确定审计范围的依据。

◎ 课后练习

一、简答题

1. 如何理解管理层认定？管理层认定的类别分别是什么？

2. 管理层认定、审计目标和审计程序三者的关系是什么？

3. 什么是审计方法？它分别有哪些分类？

4. 什么是审计程序？分别有哪些？

5. 函证程序有哪些分类？

6. 抽样法分为哪几类？

二、单项选择题

1. (　　)是指被审计单位对财务报表中各个组成要素的确认、计量、列报作出的明确或隐含的表达。

A. 认定　　B. 管理层责任

C. 审计目标　　D. 治理层责任

2. 由(　　)认定推导出的审计目标是确认已经记录的交易是否按照正确的金额反映。

A. 发生　　B. 分类

C. 准确性　　D. 完整性

3. 分类的目标是由管理层关于(　　)认定推导得出的。

A. 存在　　B. 完整性

C. 计价与分摊　　D. 分类

4. (　　)指注册会计师为了获取影响财务报表或相关披露认定的项目的信息，通过直接来自于第三方的对有关信息现存状况的声明，获取和评价审计证据的过程。

A. 询问　　B. 函证

C. 检查记录或文件　　D. 观察

5. 以下不适用于函证的是(　　)。

A. 银行存款　　B. 库存现金

C. 寄放在其他单位的货物　　D. 其他应收款

6. 注册会计师对被审计单位重要的比率或趋势进行分析以获取审计证据的方法是(　　)。

A. 重新计算　　B. 分析程序

C. 检查　　D. 比较

7. (　　)是指实施审计程序的数量，如抽取的样本量，对某项控制活动观察的次数等。

A. 审计程序的目的　　B. 审计程序的范围

C. 审计程序的类型　　D. 审计程序的时间

三、多项选择题

1. 审计目标分为(　　)两个层次。

A. 审计总目标　　B. 报表层次目标

C. 具体审计目标　　D. 认定层次目标

2. 某酒业公司2016年12月31日资产负债表上列示存货5600万元，则明确的认定包括(　　)。

A. 记录的存货是存在的

B. 记录存货的正确余额是5600万元

C. 所有应列报的存货都包括在财务报表里

D. 记录的存货全部由该酒业公司拥有且不受到任何限制

3. 注册会计师财务报表审计目标是对财务报表的(　　)发表审计意见。

A. 合法性　　B. 公允性

C. 重大错报风险　　D. 重要性水平

4. 与期末账户余额相关的认定类别有(　　)。

A. 存在　　B. 权利和义务

C. 完整性　　D. 计价和分摊

5. 根据取证顺序与会计顺序的关系来区分，审计方法分为(　　)。

A. 顺查法　　B. 抽查法

C. 详查法　　D. 逆查法

6. 注册会计师应当根据(　　)确定审计范围。

A. 审计准则　　B. 审计依据

C. 审计目标　　D. 审计职责判断

四、案例分析题

1. ××市大华会计师事务所注册会计师张三、李四在对某酒业销售公司（上海证券交易所上市公司）的2016年年度财务报表进行审计的过程中，获取的该公司该年度的相关会计记录资料整理如下：

项目名称	金额（元）
银行存款	100000000
短期投资	500000
应收票据	6000000
应收账款	45000000
其他应收款	200000
存货	150000
在建工程	0

续表

项目名称	金额（元）
应付账款	300000
长期借款	0
实收资本	10000000
资本公积	4800000
主营业务收入	48000000
主营业务利润	3500000
利息支出	0

请根据上述材料回答下列问题：

（1）上述项目哪些适用于函证的审计程序？

（2）接受函证的对象有哪些？

（3）函证的主要内容是什么？

（4）函证的方式有哪些？

第四章 审计业务的承揽

任务目标

1. 了解初步业务活动的目的和具体内容；
2. 理解审计业务约定书的内涵；
3. 掌握审计业务约定书的作用；
4. 掌握审计业务约定书的主要内容。

【情景案例】

年报“难产”、深陷与京基纠纷的康达尔于5月31日发布的晚间公告称，近日收到瑞华会计师事务所（特殊普通合伙）送达的函件，函称经研究，不承接公司2017年年度财务审计和内控审计业务。

康达尔表示，鉴于目前的变化，公司董事会将积极与瑞华会计师事务所沟通，争取股东大会的顺利召开。

《每日经济新闻》记者注意到，康达尔此前公告将于6月11日召开2018年第四次临时股东大会，审议《关于聘请会计师事务所的议案》。这意味着，若双方沟通无果，股东大会将取消或改期，公司2017年年报披露更是“遥遥无期”，面临退市风险。

康达尔此前在公告中称瑞华会计师事务所“具有可信赖的职业质量、高品质的专业能力”，而如今戏剧性的是，瑞华会计师事务所发函称不承接康达尔的2017年年度财务审计和内控审计业务。

康达尔发布公告显示，2017年10月27日，公司第八届董事会2017年第三次会议审议通过《关于聘请会计师事务所的议案》，同意聘请瑞华会计师事务所为公司2017年年度财务审计机构和内控审计机构，提交股东大会审议并同时提请股东大会授权董事会根据市场价格、审计工作量与其协商确定审计费用。此后，公司于2018年1月3日与瑞华会计师事务所签订了年报审计业务约定书及内控审计业务约定书，确定了双方的责任、义务等相关事项。根据约定，公司董事会、管理层即与瑞华会计师事务所就启动审计、审计工作安排及审计要点等事宜展开多轮沟通，于2018年1月31日支付了相关审计费用，并组织开展了2017年年度报告编制工作。

瑞华会计师事务所于2017年11月23日开始预审工作，于2018年4月9日向公司提交审计报告初稿，并于2018年4月20日向公司提交了最终的审计报告修改稿。若公司股东大会审议通过了聘请瑞华会计师事务所的议案，则公司2017年年报可顺利披露，从而避免退市风险。

并且此前康达尔发布公告称，鉴于瑞华会计师事务所具备证券期货相关业务资格，且财政部、证监会亦已同意瑞华会计师事务所自2017年4月7日起恢复承接新的证券业务，且其曾为300多家上市公司提供主审服务，具有可信赖的职业质量、高品质的专业能力，因此，根据公司《会计师事务所选聘制度》的相关规定，瑞华会计师事务所符合承接公司2017年年度审计工作的资格要求，可完全胜任公司该年度审计工作。

但聘请会计师事务所的议案遭到了股东京基集团的反对。京基集团提请公司董事会组织召开康达尔临时股东大会审议《关于聘任会计师事务所的议案》。京基集团以“董事会原拟聘任的审计机构瑞华会计师事务所多次受罚”为由，认为“选聘瑞华会计师事务所作为公司审计机构难以实现对公司合规、有序的治理”，提出更换会计师事务所的议案，进而提议聘请信永中和会计师事务所为公司2017年年度报告的财务审计机构和内控审计机构。不过，康达尔董事会不同意京基集团要求召开康达尔临时股东大会。

如今与京基的纠纷还未解决，康达尔钟情的瑞华会计师事务所却发函称不承接公司2017年度财务审计和内控审计业务。多位业内人士称，这案例真的很特殊，很少见到这种情况。

资料来源：《康达尔年报“难产”：瑞华拒绝承接2017年度财务审计和内控审计业务》，《每日经济新闻》，2018-6-1。

◎思考问题：

瑞华会计师事务所为何拒绝康达尔公司？

第一节　初步业务活动

初步业务活动是指注册会计师在本期审计业务开始时开展的有利于计划和执行

审计工作、实现审计目标的活动的总称。

一、初步业务活动的目的

注册会计师开展审计活动前需要开展初步业务活动。实现的目的有以下三点：第一，确保注册会计师已具备执行业务所需要的独立性和专业胜任才能；第二，确保不存在因管理层诚信问题而影响注册会计师保持该项业务意愿的情况；第三，确保与被审计单位不存在对业务约定条款的误解。

二、初步业务活动的具体内容

注册会计师应当开展下列初步业务活动：

（1）针对保持客户关系和具体审计业务实施相应的质量控制程序；

（2）评价遵守相关职业道德要求的情况；

（3）就审计业务约定条款达成一致意见。

三、初步业务活动开展的时间

初步业务活动按照审计业务客户情形的不同，可分为：首次接受审计委托的初步业务活动和连续审计情形下的初步业务活动。这两种情形下的初步业务活动在开展的时间上有所不同。

（一）首次接受审计委托开展初步业务活动的时间

首次接受审计委托分为两种：一种是接受新客户而建立客户关系的审计业务委托；另一种是承接现有客户（因对其提供了其他服务）的审计业务委托。

《中国注册会计师审计准则第 1201 号——计划审计工作》（简称《准则第 1201 号》）中规定："在首次接受审计委托前，注册会计师应当执行下列程序……" 由此可见，首次接受审计委托开展初步业务活动的时间，无论是哪一种审计业务委托都是相同的。接受新客户的审计业务委托，必须在首次接受审计委托前，即在确定建立客户关系之前来开展初步业务活动；针对提供了其他服务的现有客户所提出的审计业务委托，即使会计师事务所对现有客户的情况有所了解，也必须在首次接受审计业务委托前，实施必要的审计程序，开展初步业务活动，不可以简化省略。因为审计业务与其他业务所提供的保证程度不同。

（二）连续审计情形下开展初步业务活动的时间

连续审计分为两种，一种是签订长期审计业务约定书的连续审计；另一种是续签、重新签订审计业务约定书的连续审计。

如前所述，《准则第 1201 号》对连续审计业务规定："注册会计师应当在本期审计业务开始时开展下列初步业务活动。”该准则指南中对此做出解释：“在连续审计的业务中，这些初步业务活动通常是在上期审计工作结束后不久或将要结束时就已开始了。”

可以看出，准则及准则指南并没有区别连续审计的两种不同情况，进而无法明确指出在这两种不同情况下开展初步业务活动的时间。通常而言，在签订长期审计业务约定书的连续审计情况下，注册会计师在前一期审计工作结束前就开始本期的审计计划工作。因而，新准则实施后，开展初步业务活动的时间应当是在前一期审计工作结束前或结束后不久和本期审计计划工作之前，以确定是否保持客户关系和具体审计业务。只有确定了保持客户关系和具体审计业务，才能开始制订本期的审计计划。

对于续签、重新签订审计业务约定书的连续审计，则应当在做出续签、重新签订的决定之前开展初步业务活动。

四、初步业务活动的程序

1. 如果首次接受业务委托，与委托人面谈，讨论下列事项：

（1）审计的目标；

（2）审计报告的用途；

（3）管理层对财务报表的责任；

（4）审计范围；

（5）执行审计工作的安排，包括出具审计报告的时间要求；

（6）审计报告格式和对审计结果的其他沟通形式；

（7）管理层提供必要的工作条件和协助；

（8）注册会计师不受限制地接触任何与审计有关的记录、文件和所需要的其他信息；

（9）与审计涉及的客户内部审计人员和其他员工工作上的协调（必要时）；

（10）审计收费，包括收费的计算基础和收费安排；

（11）初步了解客户及其环境，进行初步业务风险评估并予以记录；

（12）征得客户书面同意后，与前任注册会计师沟通。

2. 如果是连续审计，实施下列程序：

（1）了解审计的目标，审计报告的用途，审计范围和时间安排等是否发生变化；

（2）查阅以前年度审计工作底稿，重点关注非标准审计报告、管理建议书和重大事项概要等；

（3）初步了解客户及其环境发生的重大变化，进行初步业务风险评估并予以记录；

（4）考虑是否需要修改业务约定条款，是否需要提醒客户注意现有的业务约定条款。

3. 评价是否具备执行该项审计业务所需要的独立性和专业胜任能力。

4. 完成业务承接/保持评价表。

5. 签订审计业务约定书（适用于首次接受业务委托，以及连续审计中修改长期审计业务约定书条款的情况）。

第二节　审计业务约定书

一、审计业务约定书的定义

审计业务约定书，是指会计师事务所与客户签订的，用以记录和确认审计业务的委托与受托关系、审计工作的目标和范围、双方的责任以及出具报告的形式等事项的书面合同。

审计业务约定书应由会计师事务所和被审计单位双方的法定代表人或其授权人共同签订，并加盖委托人和会计师事务所的印章。签订后的审计业务约定书具有法定约束力，具有其他根据《中华人民共和国合同法》签订的经济合同一样（同等）的法律效力，成为委托人和受托人双方之间在法律上的生效契约。如果出现法律诉讼，它是确定双方责任的首要依据之一。从审计工作本身来看，当委托和受托目标全部实现后，即审计工作全部完成后，注册会计师应将审计业务约定书妥善保管，作为一项重要的审计工作底稿资料，纳入审计档案管理。

二、审计业务约定书的作用

审计业务约定书具有十分重要的作用，主要体现在以下几个方面：

（1）审计业务约定书可作为签约双方检查审计工作完成情况的依据。

（2）审计业务约定书可增强双方的相互了解，也使被审计单位了解注册会计师的责任及需要提供的合作。

（3）如果涉及法律诉讼，审计业务约定书是确定双方应负责任的重要依据。审计业务约定书是指审计机构与被审计单位签订的，用以记录和确认审计业务的委托与受托关系、审计目标和范围、双方的责任以及报告的格式等事项的书面协议。

三、审计业务约定书的重要事项

（一）委托人

关于委托人，审计业务约定书的定义涉及“委托人”这一概念。委托人是指向会计师事务所提出业务委托的单位或个人。在独立审计三个方面的关系人中，由于委托人与被审计单位之间存在某种经济利益关系，出于需要了解被审计单位的财务状况、经营成果与资金变动情况的目的，所以，向会计师事务所提出委托审计业务。委托人包括政府机关、企业法人以及其他经济组织，还可以是与被审计单位存在经济利益关系的某个自然人，如企业的股东或董事会成员等。通常我们把那些正式与会计师事务所签约的单位或个人称为委托人，即确认委托和受托关系之后才算委托人，而那些有委托意向，尚未正式签约的单位和个人称为潜在的委托人。

（二）签约主体

审计业务约定书的签约主体必须包括委托人和受托人双方，即委托审计业务的单位或个人与会计师事务所双方，特别值得注意的是当委托人是个人的时候，受托人仍应是会计师事务所而不是注册会计师，因为注册会计师不得以个人名义承揽业务。在签约主体双方中，必须坚持自愿、平等的原则，任何一方都不得以某种关系或某种利益驱使另一方与自己签订审计业务约定书。

（三）签约形式

会计师事务所必须以书面形式与委托人签订审计业务约定书，切忌采用口头形式签约。

（四）关于签约前的准备工作

如果注册会计师所在会计师事务所取得委托人的业务委托意向，切不可求之不得地草率地与委托人签订审计业务约定书，而应该认真地完成下列签约前期的准备工作，然后再确定是否同意接受委托和签订审计业务约定书，注册会计师必须以一种谨慎的态度来对待自己今后的工作，以免落入某些委托人设下的圈套或使自身今后的工作陷入难以为继的境地。

四、审计业务约定书的基本内容

审计业务约定书的基本内容如下：

（一）签约双方的名称

会计师事务所（乙方）和委托人（甲方），均要求在审计业务约定书中填写双方的全称。

（二）委托目的

委托目的即委托人委托受托人去做什么，要实现哪些结果。就会计报表审计业务的委托目的而言，委托人委托注册会计师对被审计单位会计报表的合法性、公允性和会计处理方法的一贯性发表意见，并出具审计报告。举例来说，就验资业务委托目的而言，委托人委托注册会计师对被审验单位的注册资本、实收资本及相关的资产、负债的真实性和合法性发表审计意见，并出具验资报告。

（三）审计范围

审计范围与委托人的委托目的密切相关，它是指注册会计师围绕委托目的而开展审计工作所要涉及的业务事项及相关资料。开展会计报表审计的范围不仅包括规定时间内的会计报表、会计账目等资料，还包括实施符合性测试中涉及的各项内部控制制度。

（四）会计责任和审计责任

会计师事务所与被审计单位应签订审计业务约定书，并在约定书中明确会计责任与审计责任。

1. 会计责任是指被审计单位应对其提供注册会计师所需要的会计资料和其他有关资料的真实性、完整性和合法性负责。

2. 审计责任是指审计的注册会计师应依照独立审计准则出具审计报告，并对其发表的审计意见负责。

（五）签约双方的义务

根据权利与义务的对等关系，无论是委托人还是受托人如果要获得一定的权利，都必须履行相应的义务。

1. 会计师事务所方面，应履行的义务包括：

（1）按照约定时间完成审计业务并出具审计报告；

（2）对在执业过程中获悉的商业秘密保密。

2. 委托人方面，应履行如下义务：

（1）及时提供注册会计师审计所需全部资料；

（2）为注册会计师审计提供必要的条件以及给予必要的配合；

(3) 约定金额和方式，足额、及时支付有关审计费用。

(六) 出具审计报告的时间要求

注册会计师应按双方约定的时间出具审计报告，以便于委托人能及时使用审计报告。

(七) 审计收费

双方应在审计业务约定书中根据商定结果载明对该审计业务实行审计收费的计费依据、计费标准、收费总额以及支付费用的方式和时间。注册会计师应以审计工作量即审计时间为标准收取费用，不能以审计工作成果的大小如审计出的问题和金额大小为标准收取审计费用。如果在实施审计之后，由于审计取证时间的增加、审计范围和相关工作量超过审计约定书中的约定事项控制预算程度，注册会计师可以与被审计单位重新商议审计收费或追加审计收费。

(八) 审计报告的使用责任

这项内容旨在限制委托人随意使用审计报告和保护注册会计师因委托人执意乱用审计报告而不会被追究有关责任。在审计业务约定书中可表述为如下规范语言：审计报告的使用应当与委托目的相关，委托人必须正确使用。如使用不当造成后果，与注册会计师和会计师事务所无关。

(九) 审计业务约定书的有效期限

明确规定约定书的生效日和失效日。

(十) 违约责任

由于审计业务约定书具有与经济合同一样的法定约束力，因此，对于违约方的责任可按《中华人民共和国合同法》的规定来确定。

(十一) 签约双方认为应约定的其他事项

诸如约定的变更事项、对资料的保管事项等。特别是要充分兼顾到可能出现不可预见的情况，影响审计工作的完成或需提前出具审计报告，双方应如何变更和处理约定事项，协调一致。

(十二) 签约时间

包括签约双方的全称、签章、法定代表人的签章或签名、签约的日期。

◎ 知识小结

本章主要介绍了初步业务活动的定义、目的、具体内容和开展的时间，以及初步业务活动的程序，其中初步业务活动开展的时间分为首次接受审计委托和连续审计两种情形；还介绍了审计业务约定书的定义、作用、重要事项和基本内容。

◎ 课后练习

一、简答题

1. 什么是初步业务活动？
2. 初步业务活动的具体内容是什么？
3. 初步业务活动开展的时间分为哪两种情形？
4. 简述审计业务约定书的基本内容。

二、单项选择题

1. (　　)是指注册会计师事务所与被审计单位签订的，用以记录和确认审计业务的委托与受托关系、审计目标和审计业务范围、双方的责任以及报告的格式等事项的书面协议。

A. 审计计划　　B. 审计业务约定书

C. 总体审计策略　　D. 审计报告

2. 注册会计师事务所接到被审计单位的委托，应该同其签订(　　)。

A. 审计职业道德守则　　B. 审计通知书

C. 审计业务约定书　　D. 审计报告

三、多项选择题

1. 审计业务约定书的主要内容包括(　　)。

A. 财务报表审计目标　　B. 管理层对财务报表的责任

C. 执行审计工作的安排　　D. 确定审计费用

2. 审计业务约定书的作用是(　　)。

A. 增进注册会计师事务所与被审计单位之间的相互了解

B. 作为被审计单位评价审计业务完成情况

C. 如果出现法律纠纷，审计业务约定书是明确会计师事务所和被审计单位双方应负责任的重要依据

D. 只能保证被审计单位的权益

四、案例分析题

(材料一) 2017 年 3 月 20 日，中国注册会计师协会相关负责人电话约谈天职国际会计师事务所，就其新承接的上市公司审计业务风险进行提示。

中注协相关负责人指出，作为新承接业务，该上市公司上一年实施重大资产重组，有业绩承诺事项压力，审计风险较高。中注协相关负责人提示事务所及项目负

责人，要关注执行首次审计业务时对期初余额的责任，针对业绩承诺压力可能导致的管理层舞弊风险，高度关注关联方交易、收入确认、财务报表合并等审计风险领域，严格按照执业准则要求，获取充分适当的审计证据，并充分发挥质量控制复核作用，有效防控审计风险。

（材料二）《关于瑞华会计师事务所（特殊普通合伙）整改工作核查情况及处理决定的通知》（财会便〔2017〕12 号）

瑞华会计师事务所（特殊普通合伙）：

根据财政部、证监会《关于会计师事务所从事证券期货相关业务有关问题的通知（2007 年发布，2012 年修订）》（财会〔2012〕2 号）和《关于责令瑞华会计师事务所（特殊普通合伙）暂停承接新的证券业务并限期整改的通知》（财会便〔2017〕3 号，以下简称“3 号通知”）的要求，财政部、证监会成立联合核查组，对瑞华会计师事务所（特殊普通合伙）（以下简称瑞华）整改情况进行了核查。现将有关情况及处理决定通知如下：

（一）核查基本情况

2017 年 1 月 7 日，瑞华按照财会〔2012〕2 号文件要求，向财政部、证监会提交书面整改计划表，并于 2 月 28 日向财政部、证监会报送了书面整改报告。整改报告中梳理了瑞华近年来被证券监管机构立案调查的 6 宗案件（其中 2 宗案件尚未结案）和正在配合调查的 2 宗案件，列明了瑞华通过自查发现的需要整改的问题 20 项（涉及内部治理、人员管理、财务管理、业务管理、质量控制等方面），并逐项说明了整改完成情况及下一步持续改进的举措。

3 月 13 日至 23 日，财政部、证监会联合核查组对瑞华北京总所、深圳分所、甘肃分所进行了实地核查。核查过程中，核查组成员查阅了 100 多项瑞华内部管理制度，抽检了 300 多份业务约定书和审计工作底稿，采用人员约谈、数据分析、业务抽检、实物抽盘、报表及账户测试、系统模拟测试等方法，查验瑞华在质量控制和总分所一体化管理方面存在的主要风险，共计形成核查工作底稿 100 多份。实地核查结束后，核查组对核查资料进行了复核、梳理和总结。

（二）核查结果

根据财会〔2012〕2 号和“3 号通知”，核查工作是对瑞华整改情况进行的有针对性的专项核查而非全面检查。核查发现，瑞华自 1 月 7 日起已全面停止承接新的证券业务，对自查发现的问题，通过采取梳理排查风险、修订完善制度、纠正违规行为、加强内部培训等措施进行了整改。经核查，瑞华在质量控制和一体化管理方面仍存在一些问题，客观上构成对瑞华执业质量和内部管理的风险隐患，主要包括：在质量控制方面，瑞华在质量控制人员配备、专业判断分歧处理、证券业务审前风险评估、审计业务约定书规范管理等方面存在一定缺陷。在一体化管理方面，瑞华在合伙人收益分配和考核、专职质量控制人员统一管理、分所预算执行差异考核、分所印章管理等方面存在一定缺陷。

（三）处理决定

根据瑞华整改情况及核查组的核查结果，财政部、证监会作出如下处理决定：

1. 同意瑞华自 2017 年 4 月 7 日起恢复承接新的证券业务。

2. 瑞华应对核查组核查发现的问题进行持续、全面、彻底的整改，有效防范质量控制和一体化管理方面的系统性风险，并定期向财政部、证监会书面报告整改情况。如发生新的重大风险，财政部、证监会将另行作出有关处理决定。

财政部会计司　　证监会会计部

2017 年 4 月 7 日

问题：结合上述材料，分析注册会计师事务所承揽业务需要注意什么问题以及如何更好地规避风险。

第五章　审计证据以及审计工作底稿

任务目标

1. 理解审计证据的定义；
2. 掌握审计证据的类型；
3. 了解审计证据的特征；
4. 理解审计工作底稿的定义；
5. 掌握审计工作底稿的构成要素；
6. 了解审计工作底稿的编制流程和复核。

【情景案例】

2016 年 4 月 30 日，某审计小组对××市国资委旗下的某大型国有商贸公司的总经理李某进行了离任审计，查处了该公司私藏长达 7 年之久的大额“小金库”约 3000 万元，逃避缴纳税款约 800 万元。

开展离任审计工作前，审计人员首先与该公司的所有高层管理人员以及部分中层干部和职工代笔召开了座谈会，认真地听取了公司的计财处人员汇报该总经理任期内的资产、负债和损益等情况。通过离任经理李某的述职报告，了解了其任期内的业绩及政绩。会议结束之后，在该公司的停车大院内，审计人员注意到离任经理李某乘坐着高档豪华轿车奥迪 A8L (价值 200 余万元) 离开公司。

随后，审计人员对该公司的库存现金、存货、固定资产等实物进行了盘点，并对有关会计资料进行了审计。审计过程中，结合听汇报和观察工作环境及条件，审计人员发现“固定资产”卡片账内并没有离任的总经理李某乘坐的高级轿车奥迪 A8L，那么高级轿车是怎么来的呢？凭着多年的审计经验，审计人员敏感地认为公司存有“小金库”。

为查清上述疑点，审计人员采取跟踪追击的方法，多次追问计财处负责人是否还有另一套账。计财处负责人说自己才任职 1 个月，所有的会计资料都提交给审计人员了。于是审计人员找到了前任财务处长，争取得到他们的配合，以便了解账外资金的来源和使用情况，但他们均以各种理由回避审计问题，审计陷入了困境。

此时，审计人员一方面继续做好本审计单位有关人员的政治思想工作，解决他们的认识问题，另一方面加大内外调查力度，发动群众，采取多种方式与职工交谈，经过详查和内调、外调，审计人员终于掌握了大量购买固定资产的原始资料，其中包含一辆奥迪 A8L 的购买手续资料。最后，审计人员向该公司有关人员进行财经纪律宣传教育，反复向他们讲明“小金库”的危害性和上级部门审计查处的决心，消除了他们的疑虑，使他们打消了继续隐瞒事实的念头，将营造 7 年之久的“小金库”账簿和凭证全盘托出。

经过反复审查核实，查明了离任总经理李某在长期的任职期间，为某几个高管的利益，截留了部分商品出口收入约 3000 万元，不列入大账以做收入处理，而作为小团体的“小金库”，随意列支使用。其中：购置固定资产 1500 万元（装修高管的私人住宅 700 万元，汽车 400 万元，购置其他资产 400 万元）；奖金及职工福利支出 900 万元；招待费支出 600 万元。

同时，审计小组将总经理李某离任审计中了解掌握的问题线索，已按照有关规定移交滨港市纪委、市委组织部门进行处理。

资料来源：清风的新浪博客：《离任审计查获大额“小金库”》。

◎**思考问题：**

请结合案情分析审计人员的取证方法和获取的审计证据的种类。

第一节　审计证据

一、审计证据的定义

审计证据是指注册会计师为了得出审计结论，形成审计意见而使用的所有信息，包括编制财务报表依据的会计记录包含的会计信息和可以作为审计证据的其他信息。

（一）会计记录包含的信息

会计记录包含的信息主要有：原始凭证、记账凭证、总分类账和明细账、未在记账凭证中反映的对财务报表的其他调整（如编制财务报表的重分类调整）、用作折旧费用摊销、计算、调节和披露的手工计算表和电子计算表等，这些都是审计证据的重要组成部分。

（二）可用作审计证据的其他信息

1. 注册会计师从被审计单位内部或外部获取的会计记录以外的信息，如被审计单位会议记录、内部控制手册、询证函的回函、分析师的报告、与竞争者的比较数据等；

2. 通过询问、观察和检查等审计程序获取的信息，如通过检查存货获取存货存在性的证据等；

3. 自身编制或获取的可以通过合理推断得出结论的信息，如注册会计师编制的各种计算表、分析表等。

【拓展阅读】

会计记录中含有的信息和其他信息共同构成了审计证据，两者缺一不可。没有会计记录中包含的信息，审计工作将无法进行；没有其他信息，可能无法识别重大错报风险。只有将两者结合在一起，才能将审计风险降至可接受的低水平，为注册会计师发表审计意见提供合理基础。

审计证据很少是绝对的，从性质上来看反而是说服性的，并能佐证会计记录中所记录信息的合理性。注册会计师将不同来源和不同性质的审计证据综合起来考虑，这样能够反映出结果的一致性，从而佐证会计记录中记录的信息。如果审计证据不一致，而且这种不一致可能是重大的，注册会计师应当扩大审计程序的范围，直到不一致得到解决，并针对账户余额或各类交易获得必要保证。

二、审计证据的分类

为了使审计证据的收集、整理和评价工作更为有效，也为了审计目标的顺利实现，使人们加深对审计证据的了解，结合审计具体目标，审计证据按其存在形式（或称按其外形特征）可分为实物证据、书面证据、口头证据和环境证据。

（一）实物证据

实物证据是指注册会计师通过实地观察和参加清查盘点所获得的，用以证明有关实物资产是否存在的证据。实物证据对某项实物资产是否存在的证明力最强，效果最为显著。它可以对该实物的状态、数量、特征给予有力的证明。因此，在对现金、存货、固定资产等项目进行审计时，注册会计师首先考虑通过清查、监督或参与盘点来取得实物证据以证明它们是否存在。但是我们也可以看出实物证据并不能完全证明该项实物资产的价值及其所有权的归属。就实物资产价值的确定而言，它主要取决于实物资产的质量，而实物资产的质量不能完全依据它的外形和状态来确认，因为我们不难发现，一些看似污秽不堪、质量奇差的实物（如设备）才刚刚投入使用，它的设计使用寿命只算开了一个头，而某些外观崭新、光泽鉴人的设备可能已接近其设计使用寿命的终点。所以说，确定实物资产的价值应以取得时的有关资料或中介部门评估确认的资料为主要依据，切不可以“貌”取值。

但是我们看到，就实物资产的所有权而言，也许注册会计师看到纳入盘存清点的实物中包括外单位寄存的实物、被审计单位经营性租入的设备、已售出待发运的商品。毋庸置疑，这些实物的所有权与被审计单位毫不相干。因此，实物证据不能证实资产价值和所有权的认定，可以说是它的一种局限性，这种局限性需要通过另行审计并取得其他形式的审计证据方可得以完善补充。

（二）书面证据

书面证据是注册会计师通过实施测试程序和运用不同的方法所获取的以书面资料为存在形式的审计证据，诸如：有关的原始凭证、记账凭证、会计账簿、各种明细项目表、各种合同、会议记录和文件、函件、通知书、报告书、声明书、程序手册等。书面证据是注册会计师收集的数量最多、范围最广的一种证据。注册会计师发表审计意见基本上以书面证据为基础。

书面证据具有如下特点：第一是数量多；第二是覆盖范围广；第三是来源渠道多样化；第四是容易被篡改。根据这些特点，注册会计师在大量收集有关的书面证据时，还要注意对书面证据进行认真细致的鉴定和分析，运用专业判断，辨别真伪，充分正确地利用书面证据。

书面证据按其来源渠道可以分为亲历证据、外部证据和内部证据三类。

1. 亲历证据：亲历证据是指由注册会计师（包括助理人员、外聘专家）通过运用专业判断和相应的程序与方法，对被审事项的有关资料进行计算和分析而得到的证据，包括注册会计师动手编制的各种计算表、分析表等。对于书面证据而言，亲历证据强调的是注册会计师对有关基础资料（证据）必须进行重新加工，按照既定的目标所确定的程序进行计算和分析，因此，它具有较其他来源形式证据更为可靠的证明力。

2. 外部证据：外部证据指由被审计单位以外的，与被审事项有一定联系的第三者提供的相关证据。外部证据除有关单位提供的业务询证证据和书面证明以外，还包括不在书面证据范围内的有关实物证据和外部人员的陈述等。具体地讲，外部书面证据形式有两类。

第一类包括应收账款的回函、被审计单位的律师或其他独立专家关于被审计单位资产所有权或负债的证明函件、保险公司的证明函件、寄售企业或代售企业的证明函件、证券经纪人的证明书等。这些外部书面证据一般由被审计单位以外的第三者直接提供给注册会计师，而没有经过被审计单位职员之手，不存在被涂改和被伪造的可能性。因此，外部证据是证明力较强的一种审计证据。

第二类外部书面证据诸如银行对账单、购货发票、应收票据、顾客订货单、有关的合同和契约等。这些证据都是由被审计单位以外的单位所出具，但是由被审计单位有关业务人员进行保存和处理，难免存在被涂改甚至伪造的可能性。因此，注册会计师评价其可靠性必须考虑这一因素，把这类证据确定为其证明力略低于第一类外部书面证据，并对这类证据中有被涂改或伪造的痕迹予以高度的关注和警觉。

3. 内部证据：内部证据是指由被审计单位内部机构或职员编制并提供的有关书面证据。内部书面证据的可靠性一般不如外部书面证据强，而且内部书面证据由于形式的不同其可靠性也不尽相同。根据内部书面证据可靠性的强弱，可以划分为以下三类：

第一类是由被审计单位外部组织或部门规定统一格式和填制要求的，而由被审计单位内部职员填制并提供的有关书面证据，如由税务监制的销货发票（含普通发票和增值税专用发票）、银行统一印制的各种支票和汇票，由财政部门监制的财政收费收据等，这类证据的可靠性对各种内部证据而言是最强的，因为这类证据资料的填制情况往常要受到相应管理部门突击性或定期检查监督，当被审计单位内部控制较为健全有效时，这类证据仍不失为一种可靠性强的审计证据。

第二类是由被审计单位有关人员编制和填报用于对外公布但无格式和规范要求的内部证据，如经济业务合同、文件和内部定额标准等。这类证据虽不一定要接受外界的监督检查，但在一定程度上要受到有关业务单位或主管部门的制约，经过它们的审批，对其的公正性、严肃性和科学性有严格的要求。因此，当企业内部控制健全有效时，第二类证据仍具有一定可靠性，但始终较第一类内部书面证据可靠性低。

第三类内部书面证据是那些既无规范要求或者无任何外部单位制约，且无需公开的由被审计单位有关人员填制并出具的资料，如自制的原始凭证、记账凭证、会计账簿记录等。这类证据的可靠性完全取决于经手人员的素质、内部控制的有效制约程度，因而它的可靠性程度为最低。但是不能否定的是，当内部控制健全有效，而且相关的内部证据能相互印证时，注册会计师仍然可以信赖其可靠性。

内部书面证据从其反映的内容来看包括：反映会计核算处理情况的会计记录，反映被审计单位管理当局责任、态度和意图的管理当局声明书以及其他的书面文件。其中，会计记录包括各种原始凭证、记账凭证、账簿记录、试算平衡表、科目汇总表、项目明细表等。它是注册会计师取自被审计单位内部的一种数量最多且最为重要的审计证据，其可靠性关键取决于被审计单位内部控制的完善程度。注册会计师在取得这类证据时往往要相互联系、按其钩稽关系相互印证地进行寻找和评价，必要时应视被审项目的重要程度和审计环境状况，按其会计业务处理过程顺查或逆查所有的详细资料，甚至要进一步审查业务发生时各种获准手续文件的审计证据。

对于被审计单位管理当局声明书，由于它涉及被审计单位在会计报表审计过程中所做的重要陈述或保证，是一种态度或意图的反映，主观色彩十分浓厚，因此其可靠性较低，这便要求注册会计师不能一味地信赖这份声明书，而应该通过实施其他必要的审计程序来判断会计报表的合法性、公允性和会计处理的一贯性程度如何。综上所述，注册会计师获取内部书面证据不仅要求有较强的专业水平和科学的审计程序，而且它将花费整个审计工作的绝大部分时间，是审计工作的重心和核心过程。

（三）口头证据

口头证据是经注册会计师询问而由被审计单位有关人员或其他人员进行口头答复所形成的审计证据。在审计过程中，注册会计师往往需要就以下事项向有关人员进行询问：①被审事项发生时的实况；②对特别事项的处理过程；③采用特别会计政策和方法的理由；④对舞弊事实的追溯调查；⑤可能事项的意见或态度等。通常，口头证据本身不能完全证明事实的真相，因为被调查或询问人可能有意隐瞒实情或由于对过去事情记忆上的模糊或遗漏而导致口头证据不准确、不完整。因此，获取口头证据的同时，还应实施其他审计程序以获取其他形式的审计证据。

在通常情况下，注册会计师获取口头证据的目的不外乎两个方面。其一，为了印证某一结果是否与注册会计师的判断相一致。其二，注册会计师获得口头证据的目的在于发掘一些新的重要审计线索，从而有利于对有关事项进行进一步调查取证。无论出于何种目的，注册会计师获取口头证据时一定要讲究技巧性，不可逼供，更不可进行威胁，但应讲明原则和要求，循循善诱，对各种重要的口头答复做好笔录，注明被询问人姓名、时间、地点和背景，必要时应要求被询问人确认并签名。

虽然口头证据可靠性较低，需要其他证据的支持和佐证，但当不同的被询问人员对同一问题在同一时间所做的口头陈述一致时，其可靠性则显得较强，可以作为审计结论的依据。

（四）环境证据

环境证据也称状况证据，是指影响被审事项的各种环境事实。环境证据一般不属于基本证据，不能用于直接证实有关被审事项，但它可以帮助注册会计师了解被审事项所处的环境或发展的状况，为判断被审事项和确认已收集的其他证据的可靠程度提供依据，因而，环境证据仍然是注册会计师进行判断所必须掌握的资料。具体地划分，环境证据包括：反映内部控制状况的环境证据、反映管理素质的环境、反映管理水平和管理条件的环境证据。

环境证据最突出的特点是它能帮助注册会计师正确评价有关资料所反映信息在总体或大体上的可靠程度，即它对证实总体合理性这一审计目标有着积极的意义。通常，调查、询问和观察等手段是注册会计师获取环境证据的有效途径。注册会计师可以通过设计调查表、记录询问观察事项等方式来形成审计工作底稿，作为发表审计意见依据的环境证据。

三、审计证据的特征

审计证据的特征主要有充分性和适当性。注册会计师应当保持职业怀疑态度，运用职业判断，对审计证据的充分性和适当性进行评价。

（一）充分性

审计证据的充分性是指审计证据的数量足以使得注册会计师形成审计意见，即收集的审计证据数量是否足够。根据定义可知：审计意见的形成建立在有足够数量审计证据基础之上。那么，是否审计证据越多越好？回答是否定的。因为为了取得过多的审计证据必然要耗费过多的审计成本，影响审计效益和效率。根据审计证据准则，评价和判断审计证据是否充分，应当考虑以下因素：①审计风险，存在的错报风险越高，需要的审计证据也越多；②审计证据质量的高低程度，审计证据质量越高，所需的审计证据就越少；③具体审计项目的重要程度，项目重要程度越高，需要的审计证据就越多；④审计过程中是否发现错误或舞弊，发现的舞弊行为越少，需要的审计证据越少；⑤成本效益原则，注册会计师以尽可能低的成本，获得充分的证据，用于支撑审计意见。

（二）适当性

根据审计证据准则，审计证据的适当性是指审计证据的相关性和可靠性，即审计证据应当与审计目际相关联，并能如实反映客观事实。审计证据的适当性实质上是指审计证据的质量因素，它和审计证据的充分性互为补充，共同体现其证明力的作用。这表现在：从支持审计意见的归宿点来看，如果审计证据的质量（适当性）越高，所需审计证据的数量（充分性）就可以减少；如果审计证据的质量（适当性）越低，所需审计证据的数量（充分性）就应增加。

1. 审计证据的相关性。

审计证据的相关性是指取得的审计证据必须与审计目的相关联。例如：为了实现证实实物资产的所有权目标，注册会计师应取得相关的书面证据和口头证据，而不应去收集那些与所有权目标无关的实物证据或环境证据。审计测试最为基本的环节包括符合性测试和实质性测试。在符合性测试获取审计证据时，注册会计师应围绕内部控制测试目的考虑获取审计证据是否与下列事项相关：相关内部控制制度是否存在、相关内部控制制度是否有效、相关内部控制制度在审计期间是否一贯得到遵循。

在实质性测试中，注册会计师应围绕项目交易和金额记录来考虑获取的审计证据是否与下列事项相关：资产、负债在某一特定时日是否存在；资产、负债在某一特定时日是否归属被审计单位；经济业务的发生是否与被审计单位有关；是否有未入账的资产、负债或其他的交易事项；资产、负债计价是否恰当；收入与费用是否归属当期，并相互配比；会计记录是否正确；会计损表项目的分类反映是否适当，是否前后一致。

2. 审计证据的可靠性。

审计证据的可靠性是指审计证据能够反映和证实客观经济活动特征的程度。审计证据的可靠性受到审计证据的类型、取证的渠道和方式等因素的影响。判断审计证据的可靠程度可以把握以下几个标准：

（1）书面证据比口头证据可靠。

（2）外部证据比内部证据可靠。

（3）注册会计师自行获得的证据比由被审计单位提供的证据可靠。

（4）内部控制较好时的内部证据比内部控制较差时的内部证据可靠。对于这一点我们可设想有以下两种被审计单位：A 公司管理制度健全严密，会计岗位职责明确，科学分工，合理牵制；B 公司由于人手紧张，会计岗位由两人包办，即一个出纳和一个记账。显然由于缺乏必要的牵制，且不说 B 公司记账员是否存在舞弊的意图，就是正常的核算处理都难免存在错误和遗漏。因而，A 公司提供的各种资料要比 B 公司值得信赖得多。

（5）不同来源或不同性质的审计证据能相互印证时，审计证据更为可靠。当然，对于那些不能相互印证的审计证据，注册会计师是无法发表审计意见的，因此，应该增加审计程序，从事进一步的取证工作。

四、充分性和适当性的关系

1. 只有充分且适当的审计证据才是有证明力的。充分性和适当性都是审计证据的两个重要特征，二者缺一不可。

2. 注册会计师需要获取的审计证据的数量也受审计证据质量的影响。审计证据质量越高，需要的审计证据数量可能越少。也就是说，审计证据的适当性会影响审计证据的充分性。

3. 需要注意的是，如果审计证据的质量存在缺陷，那么注册会计师仅靠获取更多的审计证据，依旧无法弥补其质量上的缺陷。同样地，如果注册会计师获取的证据不可靠，那么证据数量再多也难以起到证明作用。

五、评价充分性和适当性时的特殊考虑

1. 对文件记录可靠性的考虑。

审计工作通常不涉及鉴定文件记录的真伪，注册会计师也不是鉴定文件记录真伪的专家，但应当考虑其作为审计证据的信息的可靠性，并考虑与这些信息的生成与维护相关的控制的有效性。

如果在审计过程中识别出的情况使其认为文件记录可能是伪造的，或文件记录中的某些条款已发生变动，注册会计师应当做出进一步调查，包括直接向第三方询证，或考虑利用专家的工作以评价文件记录的真伪。

2. 使用被审计单位生成信息时的考虑。

如果在实施审计程序时使用被审计单位生成的信息，注册会计师应当就这些信息的准确性和完整性获取审计证据。注册会计师为获取可靠的审计证据，实施审计程序时使用的被审计单位生成的信息需要足够的完整性和准确性。

3. 证据相互矛盾时的考虑。

如果针对某项认定从不同来源获取的审计证据或获取的不同性质的审计证据能够相互印证，与该项认定相关的审计证据则具有更强的说服力。如果从不同来源获取的审计证据与所获取的不同性质的审计证据不一致，表明某项审计证据可能不可靠，注册会计师应当追加必要的审计程序。

4. 获取审计证据时对成本的考虑。

注册会计师可以考虑获取审计证据的成本与所获取信息的有用性之间的关系，但不应以获取审计证据的困难和成本为由减少不可替代的审计程序。

【小案例】

注册会计师在对A公司进行2017年年度财务报表审计时收集了以下几组审计证据：

1. 库房出库单和结转库存商品成本表；
2. 银行余额调节表和银行开具的资金证明；
3. 商品销售发票与销售明细清单；
4. 商品入库单和进货的增长值专用发票；
5. 员工的月工资计提表和工资签收单；
6. 存货盘点表和存货出入明细台账。

◎思考问题：

以上哪组审计证据较为可靠？请简要说明理由。

第二节　审计工作底稿

一、审计工作底稿的所有权归属问题

审计工作底稿是注册会计师对其执行的审计工作所做的完整记录。从一般意义上讲，审计档案的所有权应属于执行该项业务的注册会计师。但是，我国注册会计师不能独立于会计师事务所之外承揽审计业务，审计业务必须以会计师事务所的名义承接。因此，审计档案的所有权属于承接该项业务的会计师事务所。

二、审计工作底稿的定义

审计工作底稿（audit working papers），是指审计人员在审计工作过程中形成的全部审计工作记录和获取的资料。它是审计证据的载体，可作为审计过程和结果的书面证明，也是形成审计结论的依据。注册会计师专用审计术语之一。审计工作底稿，是指注册会计师对制订的审计计划、实施的审计程序、获取的相关审计证据，以及得出的审计结论而作出的记录。

三、审计工作底稿的包括内容

1. 通常包括的内容。

总体审计策略；具体审计计划；重大事项概要；分析表（执行分析程序的记录）、问题备忘录（对某一事项或问题的概要的汇总记录）、核对表（为核对某些特定审计工作或程序的完成情况的表格）、询证函回函、有关重大事项的往来信件(包括电子邮件)、管理层书面声明、被审计单位文件记录的摘要或复印件、业务约定书、管理建议书、项目组内部或项目组与被审计单位举行的会议记录、与其他人士（如其他注册会计师、律师、专家等）的沟通文件及错报汇总表等。

在这里我们要注意到，审计工作底稿不能代替被审计单位的会计记录，两种证据缺一不可。说明复印会计记录是必要的。

2. 通常不包括的内容。

（1）已被取代的审计工作底稿的草稿或财务报表的草稿；

（2）反映不全面或初步思考的记录；

（3）存在印刷错误或其他错误而作废的文本；

（4）重复的文件、记录等。

四、审计工作底稿的要素

在通常情况下，审计工作底稿包含以下全部或部分要素：

（1）被审计单位名称；

（2）审计项目名称；

（3）审计项目时间或期间；

（4）审计过程记录；

（5）审计结论；

（6）审计标识及其说明；

（7）索引号及页次；

（8）编制者姓名及编制日期；

（9）复核者姓名及复核日期；

（10）其他应说明事项。

其中，审计过程记录主要记录以下事项：

（1）记录特定项目或事项的识别特征；

（2）重大事项；

（3）记录针对重大事项如何处理矛盾或不一致的情况；

（4）其他准则中的相关记录要求。

五、审计工作底稿的分类

审计工作底稿一般分为综合类工作底稿、业务类工作底稿和备查类工作底稿。

（一）综合类

综合类工作底稿指注册会计师在审计计划阶段和审计报告阶段，为规划、控制和总结整个审计工作并发表审计意见而形成的审计工作底稿。它主要包括：审计业务约定书、审计计划、审计总结、未审会计报表、试算平衡表、审计差异调整汇总表、审计报告、管理建议书、被审计单位管理当局声明书以及注册会计师对整个审计工作进行组织管理的所有记录和资料。

（二）业务类

业务类工作底稿指注册会计师在审计实施阶段为执行具体审计程序所形成的审计工作底稿。它包括：符合性测试中形成的内部控制问题调查表和流程图、实质性测试中形成的项目明细表、资产盘点表或调节表、询证函、分析性测试表、计价测试记录、截止测试记录等。

（三）备查类

备查类工作底稿指注册会计师在审计过程中形成的、对审计工作仅具有备查作用的审计工作底稿。主要包括：被审计单位的设立批准证书、营业执照、合营合同、协议、章程、组织机构及管理人员结构图、董事会会议纪要、重要经济合同、相关内部控制制度、验资报告的复印件或摘录。备查类审计工作底稿随被审计单位有关情况的变化而不断更新，应详细列明目录清单，并将更新的文件资料随时归档。注册会计师在将上述资料归为备查类工作底稿的同时，还应根据需要，将其中与具体审计项目有关的内容复印、摘录、综合后归入业务类审计工作底稿的具体审计项目之后。通常，备查类审计工作底稿是由被审计单位或第三者根据实际情况提供或代为编制，因此，注册会计师应认真审核，并对所取得的有关文件、资料标明其具体来源。

六、审计工作底稿的作用

在审计过程中，注册会计师需要大量地编制或取得审计工作底稿，使得审计工作底稿成为注册会计师审计业务中最为普遍的专业工具，促进审计工作向科学化、规范化方向发展。审计工作底稿在审计中的作用如下：

（一）审计工作底稿是联结全部审计工作的纽带

审计工作经常由多个注册会计师进行，他们之间存在不同的分工协作。审计工作在不同阶段有不同的测试程序和实现目标。审计工作底稿可以把不同人员的审计结果、不同阶段的审计结果有机地联系起来，使得各项工作都围绕对会计报表发表意见这一总体目标来进行。

（二）审计工作底稿是形成审计结论、发表审计意见的依据

审计工作底稿是审计证据的载体，它不但记录了审计证据本身的反映内容，而且记载了注册会计师对审计证据的评价分析情况以及得出的审计结论。这些审计证据和注册会计师的专业判断是形成审计结论、发表审计意见的直接依据。

（三）审计工作底稿是评价审计责任、专业胜任能力和工作业绩的依据

评价审计责任通常是评价注册会计师对审计报告所负的真实性和合法性责任。如果注册会计师严格依据独立审计准则进行审计，据实发表意见，并把这些情况记录于审计工作底稿上，那么在任何时候依据审计工作底稿进行评价都有利于解脱或减除审计责任。注册会计师专业能力的强弱、工作业绩的好坏表现在选择何种程序、有无科学的计划、专业判断是否恰当等方面。这些因素可以通过评价审计工作

底稿来体现和衡量。

（四）审计工作底稿为审计质量控制与质量检查提供了基础依据

开展审计质量控制通常是指由会计师事务所为确保审计质量符合独立审计准则的要求而制定和运用的控制政策和程序，主要包括指导和监督注册会计师选择实施审计程序，编制审计工作底稿，并对审计工作底稿进行复核。换言之，审计工作底稿既可以作为审计质量控制的对象，又可以作为审计质量控制的依据。审计质量检查通常是由注册会计师协会或其他有关单位组织进行，其核心工作就是对审计工作底稿规范程度的检查。因此，离开审计工作底稿，审计质量检查就会成为无本之木，无源之水。

（五）审计工作底稿具有参考价值

由于审计工作有很密切的联系性和连续性，前一年度的审计情况经常可以作为后一个年度开展审计业务的参考、借鉴；另外，前任注册会计师审计业务也可以作为后任注册会计师开展审计业务的参考、备查。这些参考、借鉴和备查作用往往是通过调阅审计工作底稿而得以实现的。因此，审计准则不仅要求注册会计师认真编制和复核审计工作底稿，也要求注册会计师必须妥善保管审计工作底稿，建立与保管有关的保密、调阅等管理制度。

七、审计工作底稿的编制

审计工作底稿的存在形式有纸质、电子档和其他介质形式。编制审计工作底稿的目的是审计工作底稿提供充分、适当的会计记录，用来作为出具审计报告的基础，提供有力的证明证实被审计单位按照准则的规定执行了审计工作。编制的总体要求是应当使未曾接触该项审计工作的有经验的专业人士清楚地了解审计程序、审计证据与审计结论。具体地说：

（1）按照审计准则和相关法律法规的规定实施的审计程序的性质、时间安排和范围（强调“程序”）；

（2）实施审计程序的结果和获取的审计证据（强调“证据”）；

（3）审计中遇到的重大事项和得出的结论，以及在得出结论时作出的重大职业判断（强调“结论”）。

八、审计工作底稿的复核

（一）项目组内部复核

1. 项目组内部复核的一般要求

（1）选定项目组内部复核人员的原则。项目组内部复核人员，应当遵循由项目组内经验较多人员复核经验较少人员的工作的原则。

（2）项目组内部复核人员的指派。项目组需要在制订审计计划时确定复核人员的指派，以确保所有工作底稿均得到适当层级人员的复核。对一些较为复杂、审计风险较高的领域，例如：舞弊风险的评估与应对、重大会计估计及其他复杂的会计问题、审核会议记录和重大合同、关联方关系和交易、持续经营存在的问题等，需要指派经验丰富的项目组成员执行复核，必要时可以由项目合伙人执行复核。

（3）项目组内部复核的范围。所有的审计工作底稿至少要经过一级复核。

（4）项目组内部复核的事项（7 个方面）。执行复核时，复核人员需要考虑的事项包括：

①审计工作是否已按照职业准则和适用的法律法规的规定执行；

②重大事项是否已提请进一步考虑；

③相关事项是否已进行适当咨询，由此形成的结论是否已得到记录和执行；

④是否需要修改已执行审计工作的性质、时间安排和范围；

⑤已执行的审计工作是否支持形成的结论，并已得到适当记录；

⑥已获取的审计证据是否充分、适当；

⑦审计程序的目标是否已实现。

（5）复核的时间。我们对审计项目组内部复核贯穿审计全过程，随着审计工作的开展，复核人员在审计计划阶段、执行阶段和完成阶段及时复核相应的工作底稿，例如：在审计计划阶段复核记录审计策略和审计计划的工作底稿，在审计执行阶段复核记录控制测试和实质性程序的工作底稿，在审计完成阶段复核记录重大事项、审计调整及未更正错报的工作底稿等。

2. 项目合伙人复核的特殊要求（6 个方面）

（1）项目合伙人应当对会计师事务所分派的每项审计业务的总体质量负责。

（2）项目合伙人应当对项目组按照会计师事务所复核政策和程序所实施的复核负责。

（3）项目合伙人在审计过程的适当阶段及时实施复核，有助于重大事项在审计报告日之前得到及时满意的解决。

（4）项目合伙人复核的内容：

①对关键领域所作的判断，尤其是执行业务过程中识别出的疑难问题或争议事项；

②特别风险；

③项目合伙人认为重要的其他领域。

（5）项目合伙人无需复核所有审计工作底稿。

（6）项目合伙人根据复核后的底稿得出结论。

在审计报告日当天或审计报告日之前，项目合伙人应当通过复核审计工作底稿和与项目组讨论，确信已获取充分、适当的审计证据，支持得出的结论和拟出具的审计报告。

（二）项目质量控制复核

会计师事务所应当制定政策和程序，要求对特定业务（包括所有上市实体财务报表审计）实施项目质量控制复核，以客观评价项目组作出的重大判断以及在编制报告时得出的结论。

1. 项目质量控制复核人员

会计师事务所应当制定政策和程序，解决项目质量控制复核人员的委派问题，明确项目质量控制复核人员的资格要求，包括：

（1）履行职责需要的技术资格，包括必要的经验和权限；

（2）在不损害其客观性的前提下，项目质量控制复核人员能够提供业务咨询的程度。

会计师事务所在确定质量控制复核人员的资格要求时，需要充分考虑质量控制复核工作的重要性和复杂性，安排经验丰富的注册会计师担任项目质量控制复核人员，例如：有一定执业经验的合伙人，或专门负责质量控制复核的注册会计师等。

2. 项目质量控制复核的范围

项目质量控制复核人员应当客观地评价项目组所作出的重大判断以及在编制审计报告时得出的结论。

评价工作应当涉及下列内容：

（1）与项目合伙人讨论重大事项；

（2）复核财务报表和拟出具的审计报告；

（3）复核选取的与项目组作出的重大判断和得出的结论相关的审计工作底稿；

（4）评价在编制审计报告时得出的结论，并考虑拟出具审计报告的恰当性。

对于上市实体财务报表审计，项目质量控制复核人员在实施项目质量控制复核时，还应当考虑以下内容：

（1）审计项目组就具体审计业务对会计师事务所独立性作出的评价；

（2）审计项目组是否已就涉及意见分歧的事项，或者其他疑难问题或争议事项进行适当咨询，以及咨询得出的结论；

（3）选取的用于复核的审计工作底稿，是否反映了审计项目组针对重大判断执行的工作，以及是否支持得出的结论。

3. 项目质量控制复核的时间

（1）只有完成了项目质量控制复核，才能签署审计报告。

（2）审计报告的日期不得早于注册会计师获取充分、适当的审计证据，并在此基础上对财务报表形成审计意见的日期。对于上市实体财务报表审计业务或符合标准需要实施项目质量控制复核的其他业务，这种复核有助于注册会计师确定是否已获取充分、适当的审计证据。

（3）项目质量控制复核人员在业务过程中的适当阶段及时实施项目质量控制复核，有助于重大事项在审计报告日之前得到迅速、满意的解决。

第三节　审计档案

一、审计档案的定义

审计档案是审计机关按照规定分类归档保管的在审计活动中形成的各种文件和材料。具体内容包括：各种文件、电报、报表、凭证、信函、照片、录音、录像的原件及其复制件、批件、定稿、底稿和重要的修改稿等。审计档案是审计活动的真实记录，是考查审计工作成绩、研究审计历史的依据，也是国家档案的重要组成部分。做好审计档案的搜集、整理和保管工作是各级审计机关的职责之一。

二、审计档案的分类

通常情况下，每次审计业务结束，注册会计师应当将审计工作底稿归整为审计档案。在实务操作中，根据对审计档案使用的时间划分，审计档案可以分为两大类，即永久性档案和当期档案。

（一）永久性档案

永久性档案是指记录内容稳定，使用价值较长，对今后审计业务具有重要影响和直接作用的审计档案。比如被审计单位的组织机构代码证、税务登记证、营业执照、公司章程、土地所有权证、房产证等。

（二）当期档案

当期档案是指记录内容经常变化，供当期和下期审计业务使用的审计档案，包括：

1. 审计计划阶段的工作底稿，具体有总体审计策略和具体审计计划，对被审计单位内部审计职能的评价，对外部聘请专家的评价，被审计单位提交的资料明细清单，以前年度的审计报告和经过审计的财务报表，审计预备会的会议纪要等。

2. 审计实施阶段工作底稿，主要包括风险评估的工作底稿，控制测试工作的工资底稿，实质性性程序的工作底稿。

3. 审计完成阶段工作底稿，包括被审计单位的管理层申明书（原件），被审计单位的在审计期间的财务报表和试算平衡表，有关信息披露的工作底稿（比如期后事项、关联方和关联交易的披露等），财务报表期间的董事会会议纪要、总经理办公会会议纪要、党委会会议纪要等。

4. 沟通和报告相关工作底稿，主要包括出具的审计报告和经过审计的财务报表，与主审注册会计师的沟通和报告，与被审单位的公司治理层的沟通和报告，与被审计单位管理层的沟通和报告，管理建议书等。

◎ **知识小结**

本章主要涉及审计证据和审计工作底稿。要实现既定审计目标，就要收集充分适当的审计证据，为审计人员发表恰当的审计结论提供有力的保障基础。审计工作底稿则是审计证据的具体载体，是审计人员在审计过程中生成的，也反映了整个审计过程。

第一节主要介绍了审计证据的定义、具体分类和特征。第二节介绍了审计工作底稿的所有权归属问题、定义、具体内容、构成要素、分类、作用以及编制复核。第三节介绍了审计档案的定义和分类。

◎ **课后练习**

一、简答题

1. 审计证据的两大特征是什么？二者有什么关系？

2. 简述审计工作底稿的定义。

3. 审计工作底稿是如何进行分类的？

4. 审计工作底稿的构成要素是哪些？

5. 审计工作底稿的作用是什么？

6. 如何对审计工作底稿进行复核？

7. 简述审计档案的定义和分类。

二、单项选择题

1. 审计证据的可靠性受其来源和性质的影响。以下关于可靠性的说法中，不正确的是(　　)。

A. 以纸质形式存在的证据比以电子形式存在的证据更为可靠

B. 从原件获取的证据比从复印件及传真件获取的证据更为可靠

C. 电子文件形式的审计证据比口头方式的审计证据更为可靠

D. 内部控制有效时内部生成的审计证据没有内部控制薄弱时内部生成的审计证据可靠

2. 注册会计师在审计中收集到下列审计证据，其中证明力最弱的是(　　)。

A. 注册会计师向债务人进行询证所收回的回函

B. 注册会计师监盘存货的盘点表

C. 银行对账单

D. 被审单位应收账款总账及其明细账

3. 在审计过程中，注册会计师往往要选用恰当的审计程序，以最低的审计时间、成本完成特定的审计工作。一般情况下，下列各项审计程序中，审计时间、成本最低的工作是(　　)。

A. 对存货实施监盘

B. 对货币资金项目实施控制测试

C. 计算当年应计提的固定资产折旧

D. 函证银行存款的余额

4. 审计工作底稿的归档期限为审计报告日后或审计业务中止日后的(　　)天内。

A. 30　　B. 45

C. 60　　D. 120

5. 当实施实质性程序不足以提供认定层次充分、适当的审计证据时，注册会计师应当实施控制测试，以获取内部控制运行有效性的审计证据。专供注册会计师实施控制测试的审计程序有(　　)。

A. 重新计算　　B. 检查有形资产

C. 函证　　D. 重新执行

6. 注册会计师通常对应收账款余额或银行存款余额进行测试时最常用的程序是(　　)。

A. 检查文件或记录　　B. 观察

C. 重新执行　　D. 函证

7. 审计业务约定书应属于(　　)工作底稿。

A. 当期档案　　B. 不属于工作底稿

C. 永久性档案　　D. 管理层声明书

8. 按照审计工作底稿相关准则的规定，对于审计档案，没有特殊情况的会计师事务所应自(　　)起至少保存十年。

A. 审计报告日　　B. 审计报告定稿日

C. 财务报表公布日　　D. 后续审计中止日

9. 大华会计师事务所 2016 年 2 月 15 日对昌盛公司 2015 年度财务报表出具了审计报告，该审计报告副本作为审计档案应当(　　)。

A. 至少保存至 2017 年 2 月 15 日

B. 至少保存至 2021 年 2 月 15 日

C. 至少保存至 2026 年 2 月 15 日

D. 长期保存

10. 注册会计师王华在执行黄河公司2016年度财务报表审计业务的过程中，获取或形成了下列资料或记录。根据审计工作底稿的性质，王华应当将(　　)形成审计工作底稿。

A. 注册会计师与被审计单位有关重大事项的往来电子邮件

B. 被审计单位在按照审计建议进行重大调整之前的未审财务报告

C. 注册会计师对被审计单位重要性进行初步思考的记录

D. 注册会计师从被审计单位不同部门获取的多于一份的同一文件

三、多项选择题

1. 在完成审计工作和编制审计报告阶段，审计的主要工作包括(　　)。

A. 审计期初余额与期后事项　　B. 复核审计工作底稿和财务报表

C. 审计比较数据和或有事项　　D. 考虑持续经营问题和获取管理层声明

2. 注册会计师所需获取的审计证据数量受各种因素的影响。以下关于审计证据数量的说法中，正确的是(　　)。

A. 错报风险越大，需要的审计证据可能越多

B. 审计证据质量越高，需要的审计证据可能越少

C. 证据的质量存在的缺陷越多，所需的证据越多

D. 获取的原件证据可能比获取的传真件证据少

3. 注册会计师应当保持职业怀疑态度，运用职业判断，评价审计证据的充分性和适当性。审计证据的适当性是对审计证据质量的衡量，即审计证据在支持(　　)的相关认定，或发现其中存在错报方面具有相关性和可靠性。

A. 各类交易　　B. 账户余额

C. 列报（包括披露）　　D. 存在性

4. 注册会计师在对被审单位短期借款实施相关审计程序后，需对所取得的审计证据进行评价。以下有关短期借款审计证据可靠性的论述中，正确的有(　　)。

A. 从第三方获取的有关短期借款的证据比直接从被审单位获得相关证据更可靠

B. 短期借款的控制风险为低水平时产生的会计数据比控制风险为高水平时产生的会计数据更为可靠

C. 短期借款的控制风险为高水平时产生的会计数据比控制风险为低水平时产生的会计数据更为可靠

D. 被审单位提供的短期借款合同有借贷双方的签章，注册会计师没有取得其他证据，直接认为该合同就是可靠的

5. 以下所列各项中，(　　)属于注册会计师实施分析程序的主要目的。

A. 用作风险评估程序，以了解被审计单位及其环境

B. 用作控制测试程序，以证实控制运行的有效性

C. 用作实质性程序将检查风险降至可接受的水平时

D. 在审计结束或临近结束时对财务报表进行总体复核

6. 在以下有关内部控制与审计证据特性的说法中，正确的是( )。

A. 内部控制的健全、有效性影响审计证据的充分性。确切地说，内部控制的健全、有效程度与审计证据的数量呈反向变动关系

B. 通常，注册会计师应当从控制测试与实质性程序两方面考虑审计证据的相关性，内部控制的健全、有效性影响审计证据的相关性

C. 内部控制健全、有效性影响审计证据的可靠性，一般而言，来自健全、有效的内部控制的审计证据具有更高的可靠性

D. 与信息编制相关的控制越有效，该信息越可靠

7. 在财务报表审计业务中，注册会计师用来获取证据的审计程序包括( )这几个类型。

A. 风险评估程序　　B. 了解内部控制程序

C. 控制测试　　D. 实质性程序

8. 在将分析程序用作以下具体目的时，属于强制性要求的是( )。

A. 了解被审计单位及其环境　　B. 证实控制运行的有效性

C. 将检查风险降至可接受的水平　　D. 对财务报表进行总体复核

9. 审计证据的适当性是指审计证据的( )。

A. 数量足够　　B. 合法性

C. 可靠性　　D. 相关性

10. 审计工作底稿，是指注册会计师对( )作出的记录。

A. 制订的审计计划　　B. 实施的审计程序

C. 获取的审计证据　　D. 确定的审计结论

11. 注册会计师王 X 在审计天成公司 2016 年度财务报表时，应当根据具体情况判断某一事项是否属于重大事项，并进而考虑在审计工作底稿中以重大事项概要的形式加以记录。如果实施一项审计程序的结果表明( )，则王 X 应将该结果归入重大事项。

A. 引起特别风险的事项

B. 审计报告的意见类型需要修正

C. 导致注册会计师难以实施必要审计程序的情况

D. 财务报表可能存在重大错报

四、案例分析题

注册会计师张三在对某酒业销售公司的应收账款进行审计时，收集到如下审计证据：

1. 被审单位销售发票存根联底单；

2. 被审单位存货、主营业务成本等明细分类账及总分类账纸质底稿；

3. 被审单位对应收账款存在性的声明；

4. 被审单位债务人寄来的盖有公章的对账单；

5. 注册会计师对被审单位债务人进行函证，债务人的回函。

要求：请替注册会计师张三将上述审计证据按可靠程度的强弱依次排列并说明原因。

第六章 审计策略、审计计划、审计重要性水平和审计风险

任务目标

1. 理解审计的总体策略的含义；
2. 理解具体审计计划；
3. 掌握审计重要性水平的含义和评估；
4. 了解重要性水平的运用；
5. 了解审计风险；
6. 掌握审计重要性水平、审计风险和审计证据三者之间的关系。

【情景案例】

马蒂尔公司（Mattel）是美国著名的玩具上市公司，一直是股民看好的绩优公司，主要生产“芭比娃娃”系列玩具。1971 年，马蒂尔公司被财务分析人士一致认为是全美发展最快的上市公司之一，该年度公司净利润高达 3400 万美元（约合现在 8.5 亿美元），销售额高达 2.75 亿美元，股价曾一度上涨 50 元，股票总市值高达 3 亿美元。然而，谁也没有想到这一切原来是个彻头彻尾的大骗局。

好景不长，此后公司每况愈下，1972 年亏损 3000 万美元。由于经营状况的恶化，经常给公司提供巨额贷款的一家金融财团建议马蒂尔公司雇佣斯皮尔替代罗森伯格，1973 年斯皮尔接任副总裁职务，发现公司面临异常严峻的财务危机。1973 年公司发生巨大亏损，且亏损远大于往年，公司股价一路狂泻。美国证券交易委员会决定对该公司的财务进行调查。1975 年 11 月，新任董事长颁布了一份长达 500 页的报告，详细介绍了公司管理层是如何精心伪造虚假巨额利润的细节，以及安达

信会计师事务所是如何审计公司精心伪造的财务报表的。于是，一宗财务报告舞弊案大白于天下。

后经查，马蒂尔公司财务造假的手法主要包括：(1) 不恰当的销售截止日期。1971 年 1 月 30 日是公司的会计年度截止日，为增加公司的销售额，在当日采用了“持有货单”的销售确认方式，从而为公司增加了 1500 万美元的销售收入。(2) 故意低估存货过时备抵。1971 年和 1972 年两个会计年度公司管理层故意低估了大约 500 万美元的存货跌价准备。(3) 高估递延开发成本。1970 年到 1972 年，公司管理层通过不恰当的递延开发费用摊销来虚估利润。(4) 低估应付专利权使用费。公司为逃避支付事先约定的专利权使用费，将 440 万美元的无关费用分配到“热轮”玩具的成本中，至少使公司支付给发明者专利费 200 多万元。(5) 不恰当计算企业财产毁坏保险的索赔费。1970 年 9 月，马蒂尔公司的仓库发生火灾，获得了全额赔偿。此外，公司还向保险公司投了中断经营险——因中断经营而使收入减少时，可以向保险公司索赔 1000 万美元。因此，公司在 1970 年的财务报表中将欲向保险公司索赔的 1000 万美元记入应收账款，但实际上公司无法从保险公司获得上述巨额赔款。

经调查，美国证监会认定马蒂尔公司 1971 年和 1972 年财务报告中的确存在舞弊性信息。由此判定，马蒂尔公司管理层有欺诈行为，负责审计的安达信会计师事务所在审计中未能勤勉尽责，在制订审计计划时没有充分考虑公司存在的大量审计风险因素，导致审计计划存在缺陷。1976 年 3 月，经联邦法院调解，马蒂尔公司股东与公司管理层达成了庭外和解，由公司管理层主要成员爱德拉和罗森伯格赔偿股东 3000 万美元。1977 年 4 月，安达信会计师事务所支付了约 90 万美元的现金给马蒂尔公司的股东们，作为对他们损失的补偿。1978 年 2 月，联邦法院指控爱德拉、罗森伯格以及 4 名公司的主要管理者犯有伪造财务报表的罪行。最后，爱德拉被判罚无偿公益服务 2500 小时以及支付 5.7 万美元，当年秋天罗森伯格也受到了相同的判决。

资料来源：杨胜杰：《非上市企业会计舞弊动机与手段分析——基于上市企业的比较》，南京：东南大学经济管理学院，2011。

◎思考问题：

请站在安达信会计师事务所的角度，分析在接受委托后应制订何种审计计划。

第一节 审计策略

一、总体审计策略

总体审计策略用以确定审计范围、时间和方向，并指导制订具体审计计划。

总体审计策略的制定应当包括：

（1）确定审计业务的特征，包括采用的会计准则和相关会计制度、特定行业的报告要求以及被审计单位组成部分的分布等，以界定审计范围；

（2）明确审计业务的报告目标，以计划审计的时间安排和所需沟通的性质，包括提交审计报告的时间要求，预期与管理层和治理层沟通的重要日期等；

（3）考虑影响审计业务的重要因素，以确定项目组工作方向，包括确定适当的重要性水平，初步识别可能存在较高的重大错报风险的领域，初步识别重要的组成部分和账户余额，评价是否需要针对内部控制的有效性获取审计证据，识别被审计单位、所处行业、财务报告要求及其他相关方面最近发生的重大变化等。

在制定总体审计策略时，注册会计师还应考虑初步业务活动的结果，以及为被审计单位提供其他服务时所获得的经验。

二、审计业务时间安排

在确定审计时间安排时，需要考虑下列因素：

（1）被审计单位的财务报告时间表；

（2）与管理层和治理层就审计工作的性质、范围和时间所举行的会议的组织工作；

（3）与管理层和治理层讨论预期签发报告和其他沟通文件的类型及提交时间。报告和其他沟通文件，包括书面和口头两部分，例如审计报告、管理建议书和治理层沟通函等；

（4）就组成部分的报告及其他沟通文件的类型及提交时间与组成部分的注册会计师沟通；

（5）项目组成员之间预期沟通的性质和时间安排，包括项目组会议的性质和时间安排及复核工作的时间安排；

（6）是否需要和第三方进行沟通；

（7）与管理层讨论在整个审计过程中通报审计工作进展及审计结果的预期方式。

三、审计方向

在确定审计方向时，注册会计师需要注意以下事项：

1. 重要性方面具体包括：

（1）为计划目的确定重要性，审计一定要把握好“度”，重要性就是审计的“度”；

（2）为组成部分确定重要性且与组成部分的注册会计师沟通；

（3）在审计过程中重新考虑重要性；

（4）识别重要的组成部分和账户余额，基于谨慎性原则，余额超过实际执行的重要性的都重要。

2. 重大错报风险较高的审计领域，以重要性为基础。

3. 评估的财务报表层次的重大错报风险对指导、监督及复核的影响，哪里风险高，哪里多指导。

4. 项目组人员的选择（在必要时包括项目质量控制复核人员）和工作分工，包括向重大错报风险较高的审计领域分派具备适当经验的人员。

5. 项目预算，包括考虑为重大错报风险可能较高的审计领域分配适当的工作时间。

6. 如何向项目组成员强调在收集和评价审计证据过程中保持职业怀疑的必要性。

7. 以往审计中对内部控制运行有效性评价的结果，包括所识别的控制缺陷的性质及应对措施。如未改进，列为本次的审计重点。

8. 管理层重视设计和实施健全的内部控制的相关证据，包括这些内部控制得以适当记录的证据（如有，可适当少审）。

9. 业务交易量规模，以基于审计效率的考虑确定是否依赖内部控制（交易量小，直接实施实质性程序效率更高）。

10. 对内部控制重要性的重视程度，影响控制风险的评价。

11. 影响被审计单位经营的重大发展变化，包括信息技术和业务流程的变化，关键管理人员变化，以及收购、兼并和分立。

12. 重大的行业发展情况，如行业法规变化和新的报告规定。

13. 会计准则及会计制度的变化（变化意味着风险）。

14. 其他重大变化，如影响被审计单位的法律环境的变化。

四、审计资源

审计资源是指为实现审计目标所需要的基础性条件的总称。它有广义和狭义之分，广义的审计资源，是指为审计机关拥有或能够支配的，服务于审计执法的人力、财物、方法技术、信息情报等各种资源的总和。狭义的审计资源则主要指审计人力资源，因为“人”是各种资源要素中最活跃的因素，有以下要点：

（1）向具体审计领域配置资源，包括向高风险领域分派有适当经验的项目组人员关于复杂问题请用专业人士等；

（2）向具体审计业务领域分配资源的数量，例如安排重要存货存放地的审计项目成员的数量，对其他注册会计师工作的复核范围，对于高风险领域安排的审计时间预算等；

（3）调配资源的时间点，是在审计期中阶段还是在关键的截止日期进行调配资源；

（4）如何管理、指导、监督这些资源的利用，包括何时何地召开项目组预备会和总结会，预期项目组负责人和经理如何进行复核，是否需要实施项目质量控制复核等。

第二节　审计计划的制订

注册会计师应当为审计工作制定具体审计计划，具体审计计划比总体审计策略更加详细，其内容包括为获取充分、适当的审计证据以将审计风险降至可接受的低水平，项目组成员拟实施的审计程序的性质、时间安排和范围。可以说，为获取充分、适当的审计证据，而确定审计程序的性质、时间安排和范围的决策是具体审计计划的核心。具体审计计划应当包括风险评估程序、计划实施的进一步审计程序和其他审计程序。

一、风险评估程序

具体审计计划应当包括按照《中国注册会计师审计准则第 1211 号——通过了解被审计单位及其环境识别和评估重大错报风险》的规定，为了充分识别和评估财务报表重大错报风险，注册会计师计划实施的风险评估程序的性质、时间安排和范围。

二、计划实施的进一步审计程序

具体审计计划应当包括按照《中国注册会计师审计准则第 1231 号——针对评估的重大错报风险采取的应对措施》的规定，针对评估的认定层次的重大错报风险，注册会计师计划实施的进一步审计程序的性质、时间安排和范围。进一步审计程序包括控制测试和实质性程序。需要强调的是，随着审计工作的推进，对审计程序的计划会一步步深入，并贯穿于整个审计过程。例如，计划风险评估程序通常在审计开始阶段进行，计划进一步审计程序则需要依据风险评估程序的结果进行。因此，为达到制订具体审计计划的要求，注册会计师需要完成风险评估程序，识别和评估重大错报风险，并针对评估的认定层次的重大错报风险，计划实施进一步审计程序的性质、时间安排和范围。

通常，注册会计师计划的进一步审计程序可以分为进一步审计程序的总体方案和拟实施的具体审计程序（包括进一步审计程序的具体性质、时间安排和范围）两个层次。进一步审计程序的总体方案主要是指注册会计师针对各类交易、账户余额和披露决定采用的总体方案（包括实质性方案和综合性方案）。具体审计程序则是对进一步审计程序的总体方案的延伸和细化，它通常包括控制测试和实质性程序的性质、时间安排和范围。在实务中，注册会计师通常单独制定一套包括这些具体程序的进一步审计程序表，待具体实施审计程序时，注册会计师将基于所计划的具体审计程序，进一步记录所实施的审计程序及结果，并最终形成有关进一步审计程序的审计工作底稿。

另外，完整、详细的进一步审计程序的计划包括对各类交易、账户余额和披露实施的具体审计程序的性质、时间安排和范围，包括抽取的样本量等。在实务中，注册会计师可以统筹安排进一步审计程序的先后顺序，如果对某类交易、账户余额或披露已经作出计划，则可以先行开展工作，与此同时再制定其他交易、账户余额和披露的进一步审计程序。

三、计划其他审计程序

具体审计计划应当包括根据审计准则的规定，注册会计师针对审计业务需要实施的其他审计程序。计划的其他审计程序可以包括上述进一步程序的计划中没有涵盖的、根据其他审计准则的要求注册会计师应当执行的既定程序。

在审计计划阶段，除了按照《中国注册会计师审计准则第 1211 号——通过了解被审计单位及其环境识别和评估重大错报风险》进行计划工作，注册会计师还需要兼顾其他准则中规定的、针对特定项目在审计计划阶段应执行的程序及记录要求。例如，《中国注册会计师审计准则第 1141 号——财务报表审计中与舞弊相关的责任》《中国注册会计师审计准则第 1324 号——持续经营》《中国注册会计师审计准则第 1142 号——财务报表审计中对法律法规的考虑》《中国注册会计师审计准则第 1323 号——关联方》等准则中对注册会计师针对特定项目在审计计划阶段应当执行的程序及其记录作出了规定。当然，由于被审计单位所处行业、环境各不相同，特别项目可能也有所不同。例如，有些企业可能涉及环境事项、电子商务等，在实务中注册会计师应根据被审计单位的具体情况确定特定项目并执行相应的审计程序。

四、审计过程中对计划的更改

计划审计工作并非审计业务的一个孤立阶段，而是一个持续的、不断修正的过程，贯穿于整个审计业务的始终。由于未预期事项、条件的变化或在实施审计程序中获取的审计证据等因素，在审计过程中，注册会计师应当在必要时对总体审计策略和具体审计计划作出更新和修改。

审计过程可以分为不同阶段，通常前面阶段的工作结果会对后面阶段的工作计划产生一定的影响，而后面阶段的工作过程中又可能需要对已制订的相关计划进行相应的更新和修改。通常来讲，这些更新和修改可能涉及比较重要的事项。例如，对重要性水平的修改，对某类交易、账户余额和披露的重大错报风险的评估和进一步审计程序（包括总体方案和拟实施的具体审计程序）的更新和修改等。一旦计划被更新和修改，审计工作也就应当进行相应的修正。

例如，如果在制订审计计划时，注册会计师基于对材料采购交易的相关控制的设计和执行获取的审计证据，认为相关控制设计合理并得以执行，因此未将其评价为高风险领域并且计划执行控制测试。但是在执行控制测试时获得的审计证据与审计计划阶段获得的审计证据相矛盾，注册会计师认为该类交易的控制没有得到有效执行，此时，注册会计师可能需要修正对该类交易的风险评估，并基于修正的评估风险修改计划的审计方案，如采用实质性方案。

如果注册会计师在审计过程中对总体审计策略或具体审计计划作出重大修改，应当在审计工作底稿中记录其所作出的重大修改及其理由。

五、指导、监督与复核

注册会计师应当制订计划，确定对项目组成员的指导、监督以及对其工作进行复核的性质、时间安排和范围。项目组成员的指导、监督以及对其工作进行复核的性质、时间安排和范围主要取决于下列因素：

1. 被审计单位的规模和复杂程度；
2. 审计领域；
3. 评估的重大错报风险；
4. 执行审计工作的项目组成员的专业素质和胜任能力。

注册会计师应在评估重大错报风险的基础上，计划对项目组成员工作的指导、监督与复核的性质、时间安排和范围。当评估的重大错报风险增加时，注册会计师通常会扩大指导与监督的范围，增强指导与监督的及时性，执行更详细的复核工作。在计划复核的性质、时间安排和范围时，注册会计师还应考虑单个项目组成员的专业素质和胜任能力。

第三节　审计重要性水平

一、审计重要性的定义

审计重要性是指被审计单位会计报表中错报或漏报的严重程度，这一严重程度在特定环境下可能影响会计报表使用者的判断或决策。其在量上表现为审计重要性水平。这里的错报和漏报包括财务报表内列示和报表附注中披露的错报漏报。

二、对审计重要性的理解

审计重要性虽然是注册会计师作出的专业判断，但是其判断考虑的角度却是报表使用人。注册会计师判断被审计单位会计报表中的错报或漏报是否重要，是以是否影响会计报表使用者的判断或决策为依据的，而不是从被审计单位管理当局或注册会计师的角度考虑的。所以，注册会计师在作出审计重要性的判断之前，必须在充分了解报表使用人的基础上评估会计报表使用者对被审计单位会计报表错报或漏报的容忍程度。

在通常情况下，重要性概念可从下列方面进行理解：

（1）如果合理预期的错报（包括漏报）单独或汇总起来可能影响财务报表使用者依据财务报表作出的经济决策，则通常认为错报是重大的；

（2）对重要性的判断是根据具体环境作出的，对其的确定离不开具体所处的环境，并受错报的金额或性质的影响，或受两者共同作用的影响；

（3）判断某事项对财务报表使用者是否重大，是在考虑财务报表使用者整体共同的财务信息需求的基础上作出的。由于不同财务报表使用者对财务信息的需求差异可能很大，因此不考虑错报对个别财务报表使用者可能产生的影响。在审计开始时，就必须对重大错报的规模和性质作出一个判断，包括确定财务报表整体的重要性和特定交易类别、账户余额和披露的重要性水平。当错报金额高于整体重要性水平时，就很可能被合理预期或将对使用者根据财务报表作出的经济决策产生影响。

三、运用重要性水平的目的

注册会计师使用整体重要性水平（将财务报表作为整体）的目的有：

（1）决定试险评估程序的性质、时间安排和范围；

（2）识别和评估重大错报风险；

（3）确定进一步审计程序的性质、时间安排和范围。在整个业务过程中，随着审计工作的进展，注册会计师根据所获得的新信息更新重要性。在形成审计结论阶段，要使用整体重要性水平和为了特定交易类别、账户余额和披露而确定的较低金额的重要性水平来评价已识别的错报对财务报表的影响和对审计报告中审计意见的影响。

四、重要性水平的确定

在计划审计工作时，注册会计师应当确定一个合理的重要性水平，以发现在金额上重大的错报。注册会计师在确定计划的重要性水平时，需要考虑对被审计单位及其环境的了解、审计的目标、财务报表各项目的性质及其相互关系、财务报表项目的金额及其波动幅度。

（一）财务报表整体的重要性

1. 意义

由于财务报表审计的目标是注册会计师通过审计工作对财务报表发表审计意

见，因此，注册会计师应当考虑财务报表整体的重要性。只有这样，才能得出财务报表是否公允的结论。注册会计师在制定总体审计策略时，应当确定财务报表整体的重要性。

2. 选择基准需要考虑的因素

确定错报的重要程度会影响财务报表使用者做决策，是注册会计师运用职业判断的结果。很多注册会计师根据所在会计师事务所的惯例及自己的经验，考虑重要性。确定重要性需要运用职业判断。通常先选定一个基准，再乘以某一百分比作为财务报表整体的重要性。在选择基准时，需要考虑的因素包括：

（1）财务报表要素（如资产、负债、所有者权益、收入和费用）；

（2）是否存在特定会计主体的财务报表使用者特别关注的项目（如为了评价财务业绩，使用者可能更关注利润、收入或净资产）；

（3）被审计单位的性质、所处的生命周期阶段以及所处行业和经济环境；

（4）被审计单位的所有权结构和融资方式（例如，如果被审计单位仅通过债务而非权益进行融资，财务报表使用者可能更关注资产及资产的索偿权，而非被审计单位的收益）；

（5）基准的相对波动性。

适当的基准取决于被审计单位的具体情况，包括各类报告收益（如税前利润、营业收入、毛利和费用总额），以及所有者权益或净资产。对于以营利为目的的实体，通常以经常性业务的税前利润作为基准。如果经常性业务的税前利润不稳定，选用其他基准可能更加合适，如毛利或营业收入。就选定的基准而言，相关的财务数据通常包括前期财务成果和财务状况、本期最新的财务成果和财务状况、本期的预算和预测结果。当然，本期最新的财务成果和财务状况、本期的预算和预测结果需要根据被审计单位情况的重大变化（如重大的企业并购）和被审计单位所处行业和经济环境情况的相关变化等作出调整。例如，当按照经常性业务的税前利润的一定百分比确定被审计单位财务报表整体的重要性时，如果被审计单位本年度税前利润因情况变化出现意外增加或减少，注册会计师可能认为按照近几年经常性业务的平均税前利润确定财务报表整体的重要性更加合适。常用的基准见表 6-1。

表 6-1　**常用的基准**

被审计单位的情况	可能选择的基准
1. 企业的盈利水平保持稳定	经常性业务的税前利润
2. 企业近年来经营状况大幅度波动，盈利和亏损交替发生。由正常盈利变为微利或微亏，或者本年度税前利润因情况变化而出现意外增加或减少	过去 3~5 年经常性业务的平均税前利润或亏损（取绝对值），或其他基准，例如营业收入

续表

被审计单位的情况	可能选择的基准
3. 企业为新设企业，处于开办期，尚未开始经营，目前正在建造厂房及购买机器设备	总资产
4. 企业处于新兴行业，目前侧重于抢占市场份额、扩大企业知名度和影响力	营业收入
5. 开放式基金，致力于优化投资组合、提高基金净值、为基金持有人创造投资价值	净资产
6. 国际企业集团设立的研发中心，主要为集团下属各企业提供研发服务，并以成本加成的方式向相关企业收取费用	成本与营业费用总额
7. 公益性质的基金会	捐赠收入或捐赠支出总额

在通常情况下，对于以营利为目的的企业，利润可能是大多数财务报表使用者最为关注的财务指标，因此，注册会计师可能考虑选取经常性业务的税前利润作为基准。但是在某些情况下，例如企业处于微利或微亏状态时，采用经常性业务的税前利润为基准确定重要性可能影响审计的效率和效果。

3. 确认基准考虑的方法

注册会计师可以考虑采用以下方法确定基准：

（1）如果微利或微亏状态是由宏观经济环境的波动或企业自身经营的周期性所导致，可以考虑采用过去3~5年经常性业务的平均税前利润作为基准；

（2）采用财务报表使用者关注的其他财务指标作为基准，如营业收入、总资产等。

注册会计师要注意的是，如果被审计单位的经营规模较上一年度没有重大变化，通常使用替代性基准确定的重要性不宜超过上年度的重要性。注册会计师为被审计单位选择的基准在各年度中通常会保持稳定，但是并非必须保持一贯不变。注册会计师可以根据经济形势、行业状况和被审计单位具体情况的变化对采用的基准作出调整。例如，被审计单位处在新设立阶段时注册会计师可能采用总资产作为基准，被审计单位处在成长期时注册会计师可能采用营业收入作为基准，被审计单位进入经营成熟期后注册会计师可能采用经常性业务的税前利润作为基准。

为选定的基准确定百分比需要运用职业判断。百分比和选定的基准之间存在一定的联系，如经常性业务的税前利润对应的百分比通常比营业收入对应的百分比要高。例如，对以营利为目的的制造行业实体，注册会计师可能认为经常性业务的税前利润的5%是适当的；而对非营利组织，注册会计师可能认为总收入或费用总额的1%是适当的。百分比无论是高一些还是低一些，只要符合具体情况，都是适当的。

4. 影响注册会计师对百分比选择的因素

在确定百分比时，除了考虑被审计单位是否为上市公司或公众利益实体外，其他因素也会影响注册会计师对百分比的选择，这些因素包括但不限于：

（1）财务报表使用者的范围；

（2）被审计单位是否由集团内部关联方提供融资或是否有大额对外融资（如债券或银行贷款）。

5. 影响百分比选择的其他因素

在确定百分比时，除了考虑被审计单位是否为上市公司或公众利益实体外，其他因素也会影响注册会计师对百分比的选择，这些因素包括但不限于：

（1）财务报表使用者的范围；

（2）被审计单位是否由集团内部关联方提供融资或是否有大额对外融资（如债券或银行贷款）；而财务报表使用者是否对基准数据特别敏感（如抱有特殊目的财务报表的使用者）。

（二）特定类别交易、账户余额或披露的重要性水平

1. 根据被审计单位的特定情况，下列因素可能表明存在一个或多个特定类别的交易、其账户发生的错报金额虽然低于财务报表整体的重要性，但合理预期将影响财务报表使用者依据财务报表做出的经济决策：

（1）法律法规或适用的财务报告编制基础是否影响财务报表使用者对特定项目（如关联方交易、管理层和治理层的薪酬）计量或披露的预期；

（2）与被审计单位所处行业相关的关键性披露（如制药企业的研究与开发成本）；

（3）财务报表使用者是否特别关注财务报表中单独披露的业务的特定方面（如新收购的业务）；

（4）在根据被审计单位的特定情况考虑是否存在上述交易、账户余额或披露时，了解治理层和管理层的看法和预期通常是有用的。

2. 确定实际执行的重要性并非简单机械的计算，需要注册会计师运用职业判断，并考虑下列因素的影响：（1）对被审计单位的了解（这些了解在实施风险评估程序的过程中得到更新）；（2）前期审计工作中识别出的错报的性质和范围；（3）根据前期识别出的错报对本期错报作出的预期。

通常而言，实际执行的重要性通常为财务报表整体重要性的50%~75%。

3. 如果存在下列情况，注册会计师可能考虑选择较低的百分比来确定实际执行的重要性：

（1）首次接受委托的审计项目；

（2）连续审计项目，以前年度审计调整较多；

（3）项目总体风险较高，例如处于高风险行业、管理层能力欠缺、面临较大市场竞争压力或业绩压力等；

（4）存在或预期存在值得关注的内部控制缺陷。

4. 由于存在下列原因，注册会计师可能需要修改财务报表整体的重要性和特定类别的交易、账户余额或披露的重要性水平（如适用）：（1）审计过程中情况发生重大变化（如决定处置被审计单位的一个重要组成部分）；（2）获取新信息；（3）通过实施进一步审计程序，注册会计师对被审计单位及其经营的了解情况发生变化。例如，注册会计师在审计过程中发现，实际财务成果与最初确定财务报表整体的重要性时使用的预期本期财务成果相比存在着很大差异，则需要修改重要性水平。

五、错报

（一）错报的定义

错报，是指某一财务报表项目的金额、分类、列报或披露，与按照适用的财务报告编制基础应当列示的金额、分类、列报或披露之间存在的差异；或根据注册会计师的判断，为使财务报表在所有重大方面实现公允反映，需要对金额、分类、列报或披露作出的必要调整。错报可能是由于错误或舞弊导致的。

（二）错报可能由下列事项导致

1. 收集或处理用以编制财务报表的数据时出现错误；

2. 遗漏某项金额或披露；

3. 由于疏忽或明显误解有关事实导致作出不正确的会计估计；

4. 注册会计师认为管理层对会计估计作出不合理的判断或对会计政策作出不恰当的选择和运用。

注册会计师对上述因素的考虑，实际上是在确定审计过程中对错报的过滤程度。注册会计师的目标是要确保不累积的错报（即低于临界值的错报）连同累积的未更正错报不会汇总成为重大错报。如果注册会计师预期被审计单位存在数量较多、金额较小的错报，可能考虑采用较低的临界值，以避免大量低于临界值的错报积少成多构成重大错报。如果注册会计师预期被审计单位错报数量较少，则可能采用较高的临界值。

注册会计师可能将明显微小错报的临界值确定为财务报表整体重要性的3%至5%，也可能低一些或高一些，但通常不超过财务报表整体重要性的10%，除非注册会计师认为有必要单独为重分类错报确定一个更高的临界值。如果注册会计师不确定一个或多个错报是否明显微小，就不能认为这些错报是明显微小的。

为了帮助注册会计师评价审计过程中累积的错报的影响以及与管理层和治理层沟通错报事项，将错报区分为事实错报、判断错报和推断错报可能是有用的。

事实错报。事实错报是毋庸置疑的错报。这类错报产生于被审计单位收集和处理数据的错误，对事实的忽略或误解，或故意舞弊行为。例如，注册会计师在审计测试中发现购入存货的实际价值为15000元，但账面记录的金额却为10000元。因此，存货和应付账款分别被低估了5000元，这里被低估的5000元就是已识别的对事实的具体错报。

判断错报。由于注册会计师认为管理层对会计估计作出不合理的判断或不恰当的选择和运用会计政策而导致的差异。这类错报产生于两种情况：一是管理层和注册会计师对会计估计值的判断差异，例如，包含在财务报表中的管理层作出的估计值超出了注册会计师确定的一个合理范围，导致出现判断差异；二是管理层和注册会计师对选择和运用会计政策的判断差异，由于注册会计师认为管理层选用会计政策而造成错报，管理层却认为选用会计政策是适当的，导致出现判断差异。

推断错报。注册会计师对总体存在的错报作出的最佳估计数，涉及根据在审计样本中识别出的错报来推断总体的错报。推断错报通常是指通过测试样本估计出的总体的错报减去在测试中发现的已经识别的具体错报。例如，应收账款年末余额为2000万元，注册会计师测试样本发现样本金额有100万元的高估，高估部分为样本账面金额的20%，据此注册会计师推断总体的错报金额为400万元（即2000×20%万元），那么上述100万元就是已识别的具体错报，其余300万元即推断误差。

（三）对审计过程识别出的错报的考虑

错报可能不会孤立发生，一项错报的发生还可能表明存在其他错报。例如，注册会计师识别出由于内部控制失效而导致的错报，或被审计单位广泛运用不恰当的假设或评估方法而导致的错报，均可能表明还存在其他错报。

抽样风险和非抽样风险可能导致某些错报未被发现。审计过程中累积错报的汇总数接近按照《中国注册会计师审计准则第1221号——计划和执行审计工作时的重要性》的规定所确定的重要性，则表明存在比可接受的低风险水平更大的风险，即可能未被发现的错报连同审计过程中累积错报的汇总数，可能超过重要性。

注册会计师可能要求管理层检查某类交易、账户余额或披露，以使管理层了解注册会计师识别出的错报的产生原因，并要求管理层采取措施以确定这些交易、账户余额或披露实际发生错报的金额，以及对财务报表作出适当的调整。例如，在从审计样本中识别出的错报推断总体错报时，注册会计师可能提出上述要求。

第四节 审计风险

一、审计风险的定义

审计风险是注册会计师对含有重大不实事项的财务报表产生错误判断的可能性。

审计风险不包括审计人员可能误认为财务报表含有重要差错的风险，因为在这种情况下，审计人员往往可以重新考虑或增加审计步骤，这些步骤经常使审计人员得出正确的结论。审计风险的大小受内在风险、控制风险和检查风险的影响。被审单位会计处理过程中发生重大不实事项的可能性称为内在风险；被审单位内部控制系统不能发现和改正业已发生的重大不实事项的可能性称为控制风险；审计人员在执行审计程序时，不能查出重大不实事项的可能性称为检查风险。

二、审计风险模型

审计风险由内在风险、控制风险和检查风险组成，它们之间存在如下关系：审计风险=固有风险×控制风险×检查风险，这就是审计风险模型。审计风险并不能在审计结束时以数学形式加以确定，因为审计人员并不知道实际风险，而要用判断来评价每种相关风险。

（一）固有风险

固有风险指在不考虑被审计单位相关的内部控制政策或程序的情况下，其会计报表上某项认定产生重大错报的可能性。它是独立于会计报表审计之外存在的，是注册会计师无法改变其实际水平的一种风险。固有风险有如下几个特点：

1. 固有风险水平取决于会计报表对于业务处理中的错误和舞弊的敏感程度。业务处理中的错弊引起报表失实的越多，固有风险越大；反之，固有风险越低。经济业务发生问题的可能性越大，固有风险水平越高；反之则越小。就是说，对于不同的业务，固有风险水平也不同。

2. 固有风险的产生与被审计单位有关，而与注册会计师无关。会计师无法通过自己的工作来降低固有风险，只能通过必要的审计程序来分析和判断固有风险水平。

3. 固有风险水平受被审计单位外部经营环境的间接影响。被审单位外部经营环境的变化会引起固有风险的增大。例如，科技的进步会使被审计单位的某些产品过时，这就带来了存货计价是否正确的风险。

4. 固有风险独立存在于审计过程中，又客观存在于审计过程中，且是一种相对独立的风险。这种风险水平的大小需要经过注册会计师的认定。

（二）控制风险

控制风险是指被审计单位内部控制未能及时防止或发现其会计报表上某项错报或漏报的可能性。同固有风险一样，审计人员只能评估其水平而不能影响或降低它的大小。控制风险有以下几个特点：

1. 控制风险水平与被审计单位的控制水平有关。如果被审计单位的内部控制制度存在重要的缺陷或不能有效地工作，那么错弊就会进入被审计单位的财务报表系统，由此产生了控制风险。

2. 控制风险与注册会计师的工作无关。同固有风险一样，注册会计师无法降低控制风险，但注册会计师可以根据被审计单位相关部分的内部控制的健全性和有效性情况，设定一定控制风险的，计划估计水平。

3. 控制风险是审计过程中一个独立的风险。控制风险独立存在于审计过程中。这种风险与固有风险的大小无关。它是被审计单位内部控制制度或程度的有效性的函数。有效的内部控制将降低控制风险，而无效的内部控制将增加控制风险。由于内部控制制度不能完全保证防止或发现所有错弊，因此，控制风险不可能为零，它必然会影响最终的审计风险。

（三）检查风险

检查风险指注册会计师通过预定的审计程序未能发现被审计单位会计报表上存在的某项重大错报或漏报的可能性。检查风险是审计风险要素中唯一可以通过注册会计师进行控制和管理的风险要素。其特点是：

1. 它独立地存在于整个审计过程中。不受固有风险和控制风险的影响。

2. 检查风险与注册会计师工作直接相关。是审计程序的有效性和注册会计师运用审计程序的有效性的函数。其实际水平与注册会计师的工作有关。它直接影响最终的审计风险。在实践中注册会计师就是通过收集充分的证据来降低检查风险，从而把总审计风险保持在可接受的水平上。检查风险水平和重要性水平一道决定了审计人员需要实施的实质性测试的性质、时间和范围以及所需收集证据的数量。

三、特别风险

特别风险是风险评估的一部分，注册会计师应当运用职业判断，确定识别的风险哪些是需要特别考虑的重大错报风险。

日常的、不复杂的、经正规处理的交易不太可能产生特别风险。特别风险通常与重大的非常规交易和判断事项有关。非常规交易是指由于金额或性质异常而不经常发生的交易。例如，企业购并、债务重组、重大或有事项等。由于非常规交易具有下列特征，与重大非常规交易相关的特别风险可能导致更高的重大错报风险：(1) 管理层更多地介入会计处理；(2) 数据收集和处理涉及更多的人工成分；(3) 复杂的计算或会计处理方法；(4) 非常规交易的性质可能使被审计单位难以对由此产生的特别风险实施有效控制。

判断事项通常包括作出的会计估计。如资产减值准备金额的估计、需要运用复杂估值技术确定的公允价值计量等。由于下列原因，与重大判断事项相关的特别风险可能导致更高的重大错报风险：(1) 对涉及会计估计、收入确认等方面的会计原则存在不同的理解；(2) 所要求的判断可能是主观和复杂的，或需要对未来事项作出假设。

对于特别风险，注册会计师应当评价相关控制的设计情况，并确定其是否已经得到有效的执行。因为在通常情况下，与重大非常规交易相关的风险很少受到日常控制的约束。比如说，管理层收到了重大诉讼案件的时候，是否提交给适当的专家(法律顾问) 进行处理，是否对该事项进行评价，是否确定该事项在财务报告中披露问题以及如何处理。若管理层没有实施有效控制恰当地对待特别风险，注册会计师应当认为该企业内部控制存在重大缺陷，它对风险评估的影响要进行充分的考虑。

四、重要性、审计风险和审计证据之间的关系

(一) 重要性与审计风险之间的关系

重要性与审计风险之间成相互作用的反向关系：

1. 重要性水平越高，审计风险就越低；重要性水平越低，审计风险就越高。

2. 在一定程度上，审计风险水平的高低又反作用于重要性水平。审计人员在对重要性水平进行初步判断时，应当考虑审计风险这一因素。《独立审计准则第 10 号——审计重要性》第 11 条就指出了审计人员对重要性水平做出初步判断时，应当综合考虑的重要因素，其中第 3 款就是考虑“内部控制与审计风险评估的结果”，如果内部控制越差，评估的审计风险越高，确定的重要性水平就应越低；反之，如果内部控制行之有效，审计风险综合评估水平较低，则重要性水平可以确定得高一些。

(二) 审计风险与审计证据之间的关系

1. 审计风险与审计证据之间成正向关系。也就是说，如果审计风险越高，所需收集的审计证据数量也就越多。

2. 如果审计人员初步估计的审计风险水平较高，说明审计对象较为复杂，审计的内容也较为广泛，审计人员发表恰当审计意见的难度就大，失误的可能性也就

越大，这时审计人员就要实施更详细的实质性测试程序，收集更多的审计证据，以便将审计风险降低至可接受的水平。反之，如果评估的审计风险水平较低，则审计人员只需要执行有限的审计程序，收集较少的审计证据。

（三）重要性水平和审计证据的关系

审计风险越高，要求注册会计师采集的有效证据就越多，才能将审计风险降低至可接受的水平。因此重要性水平和审计证据也是反向变动关系。

◎ 知识小结

本章首先介绍了审计策略，总体审计策略用于确定审计范围并指导具体审计计划的制订，总体审计策略的编制主要涉及审计范围、审计时间的安排审计方向和审计资源；其次介绍了审计计划，审计计划的编制是为了确定风险评估程序、进一步审计程序和计划实施的其他审计程序；接着介绍了重要性水平及其运用；最后一节介绍了审计风险模型、重要性水平与审计风险和审计证据的关系。

◎ 课后练习

一、简答题

1. 什么是审计策略？审计策略包含哪些内容？
2. 什么是审计计划？审计计划包含哪些内容？
3. 简述审计重要性水平。
4. 简述注册会计师如何运用重要性水平。
5. 审计风险是什么？审计风险模型是如何构成的？
6. 简述审计重要性水平、审计风险与审计证据的关系。

二、单项选择题

1. 会计师事务所开展初步业务活动，以确保在计划审计工作时执行审计工作的注册会计师达到(　　)的要求。

A. 合理利用专家工作　　B. 独立性和专业胜任能力

C. 对客户的商业机密保密　　D. 按适当的方式收费

2. 天成会计师事务所的王×注册会计师作为天籁公司 2016 年度财务报表审计的项目负责人，编制并向事务所的业务部门负责人提交了总体审计计划。部门负责人在对总体审计计划进行审核时，如果发现总体审计计划中包含以下(　　)内容，应建议王×注册会计师将其纳入具体审计计划中。

A. 时间预算　　B. 审计程序

C. 重点审计领域　　D. 审计重要性

3. 注册会计师可以根据被审计单位的性质和环境来具体确定重要性的基准。

以下说法中，你不认同的是(   )。

A. 对于以盈利为目的的被审计单位而言，来自经常性业务的税前利润或税后净利润可能是一个适当的基准

B. 对于收益不稳定的被审计单位或非营利组织来说，选择税前利润或税后净利润作为判断重要性水平的基准可能比较合适

C. 由于销售收入和总资产具有相对稳定性，注册会计师经常将其用作确定计划重要性水平的基准

D. 对于资产管理公司来说，净资产可能是一个适当的基准

4. 昌盛会计师事务所承接了天成上市公司2016的财务报表审计业务，派出了注册会计师王华进入天成股份有限公司进行审计，注册会计师王华按资产总额1000万元的2‰计算了资产负债表的重要性水平，按净利润500万元的2%计算了利润表的重要性水平万元，则其最终应取(   )作为财务报表的重要性水平。

A. 10　　　　B. 2

C. 5　　　　D. 0

5. 各类交易、账户余额、列报认定层次的重要性水平称为“可容忍错报”。在以下关于“可容忍错报”的说法中，不正确的是(   )。

A. 财务报表层次重要性水平的确定以注册会计师对可容忍错报的初步评估为基础

B. 在确定可容忍错报时，应当考虑各类交易、账户余额、列报的性质及错报的可能性

C. 可容忍错报对审计证据数量有直接的影响

D. 可容忍错报是在不导致财务报表存在重大错报的情况下，注册会计师对各类交易、账户余额、列报确定的可接受的最大错报

6. 尚未更正错报的汇总数包括已经识别的具体错报和推断误差。其中已经识别的具体错报包括对事实的错报和涉及主观决策的错报，下列属于事实的错报的是(   )。

A. 管理层和注册会计师对会计估计值的判断差异

B. 被审单位收集和处理数据的错误

C. 管理层和注册会计师对选择和运用会计政策的判断差异

D. 注册会计师通过实质性分析程序推断出的估计错报

7. 重大错报风险是审计风险的组成部分。以下关于重大错报风险的说法中，不正确的是(   )。

A. 财务报表层次重大错报风险与财务报表整体存在广泛联系，可能影响多项认定

B. 重大错报风险与审计项目组人员的学识、技术和能力有关

C. 重大错报风险通常与控制环境有关，但也可能与其他因素有关

D. 重大错报风险难以界定于某类交易、账户余额、列报的具体认定

8. 某位注册会计师可接受的审计风险为5%，将被审计单位的重大错报风险评估为24%。则可以接受的检查风险为(　　)。

A. 15.2%　　B. 4.8%

C. 20.8%　　D. 12%

9. 如果注册会计师将可接受检查风险的水平分为高、中、低三种水平，对重大错报风险评估结果为(　　)时，则相应的可接受检查风险应为低水平。

A. 重大错报风险为低水平

B. 重大错报风险为高水平

C. 重大错报风险与检查风险无关

D. 重大错报风险不管是高水平还是低水平

三、多项选择题

1. 注册会计师应当开展初步业务活动，以确保在计划审计工作时达到下列(　　)要求。

A. 注册会计师已具备执行审计业务所需要的独立性

B. 确定客户能为审计工作能否提供必要的条件

C. 与客户不存在对业务约定条款的误解

D. 注册会计师已具备执行审计业务所需要的专业胜任能力

2. 注册会计师在制定总体审计策略时，对审计范围的考虑事项有(　　)。

A. 其他注册会计师参与审计集团内组成部分的范围

B. 重大错报风险较高的审计领域

C. 被审单位的人员和相关数据的可利用性

D. 外币业务的核算方法以及外币财务报表折算方法

3. 注册会计师对计划审计工作进行的记录，应当包括下列(　　)内容。

A. 审计工作中对总体审计策略和具体审计计划作出的任何重大修改

B. 确定审计计划工作和向项目组传达重大事项而作出的关键决策

C. 计划实施的风险评估程序的性质、时间和范围

D. 针对评估的重大错报风险计划实施的进一步审计程序的性质、时间和范围

4. 注册会计师应当为审计工作制定总体审计策略，总体审计策略用以(　　)。

A. 确定审计范围　　B. 确定审计时间

C. 确定审计方向　　D. 指导制定具体审计计划

5. 制定总体审计策略时应当考虑影响审计业务的重要因素，以确定项目组的工作方向。在确定审计方向时，注册会计师需要考虑下列(　　)事项。

A. 被审单位的财务报告时间表

B. 为计划目的确定重要性

C. 会计准则及会计制度的变化

D. 评估财务报表层次的重大错报风险对指导、监督以及复核的影响

6. 在以下与财务报表层重要性水平相关的说法中，正确的是(　　)。

A. 可以将财务报表的销售收入、净资产作为确定重要性的判断基础

B. 如各个报表的重要性水平有所不同，应从中选取最低者作为重要性水平

C. 如所依据的财务报表尚未编制完成，可根据上年报表适当估计年末报表

D. 财务报表层次的重要性常常可以作为确定认定层次重要性的参考依据

7. 重要性取决于在具体环境下对错报金额和性质的判断。在以下关于重要性的说法中，正确的是(　　)。

A. 财务报表错报包括财务报表金额的错报和财务报表披露的错报

B. 不同的注册会计师在确定同一被审计单位财务报表层次和认定层次的重要性水平时，得出的结果可能不同

C. 重要性的确定可以离开具体环境

D. 如果财务报表中的某项错报足以改变或影响财务报表使用者的相关决策，则该项错报就是重要的

8. 注册会计师从性质方面考虑重要性时，应当考虑下列因素：(　　)

A. 错报对增加管理层报酬的影响程度

B. 错报对遵守债务契约或其他合同要求的影响程度

C. 错报对用于评价被审计单位财务状况、经营成果或现金流量的有关比率的影响程度

D. 错报对某些账户余额之间错误分类的影响程度

9. 注册会计师一般无须充分关注单独一笔小金额的错报漏报，而应关注小金额错报漏报的累计额，是因为(　　)。

A. 一笔小金额的错报漏报无论是在数量上看，还是在性质上看都不重要

B. 单独来看，小金额错报漏报在数量上虽不重要，但其性质往往是重要的

C. 小金额错报漏报的累计可能会对财务报表的反映产生重大影响

D. 单独来看，小金额错报漏报在数量上可能会超过重要性水平

10. 如果已发现但尚未调整的错报、漏报的汇总数超过重要性水平，为降低审计风险，注册会计师应当采取的必要措施包括(　　)。

A. 修改审计计划，将重要性水平调整至更高的水平

B. 扩大实质性程序范围，进一步确定汇总数是否重要

C. 提请被审计单位调整财务报表，以便汇总数低于重要性水平

D. 发表保留意见或否定意见

11. 注册会计师在确定各类交易、账户余额、列报认定层次的重要性水平（可容忍误差）时，主要应考虑的因素包括(　　)。

A. 各类交易、账户余额、列报认定性质

B. 各类交易、账户余额、列报认定错报、漏报的可能性

C. 各类交易、账户余额、列报认定错报、漏报是否存在勾稽关系

D. 账户层次的重要性水平和报表层次的重要性水平的关系

12. 尚未更正错报的汇总数包括已经识别的具体错报和推断误差。下列各项中，属于推断误差的是(　　)。

A. 注册会计师通过实质性分析程序推断出的估计错报

B. 通过测试样本估计出的总体错报减去在测试中已经识别的具体错报

C. 被审单位故意舞弊行为

D. 管理层和注册会计师对选择和运用会计政策的判断差异

13. 检查风险属于审计风险的要素之一。在以下有关检查风险的说法中，你认为正确的是(　　)。

A. 检查风险取决于审计程序设计的合理性和执行的有效性

B. 在审计风险确定的情况下，重大错报风险与可接受的检查风险是反向关系

C. 可接受的检查风险水平最终决定了实质性程序的性质、时间和范围

D. 注册会计师能否将重要账户的检查风险降低至可接受水平，将影响审计意见的类型

第七章　风险评估

任务目标

1. 理解风险评估的含义；
2. 熟悉风险评估的程序；
3. 熟悉被审单位的行业状况、法律环境以及其他外部因素；
4. 理解内部控制；
5. 了解内部环境的内容；
6. 了解内部控制的各方职责、局限性、程序；
7. 了解如何评价内部控制；
8. 掌握控制测试的定义、性质；
9. 掌握实质性程序的定义、性质；
10. 掌握风险评估程序。

【情景案例】

甲公司为我国南方地区的一家大型国有机械制造企业，主要生产矿山机器设备。该公司 2015 年末未经审计的财务报表显示的资产总额约为 6 亿元，销售收入为 2.2 亿元，利润总额为 5300 万元。自 2010 年以来，甲公司历年的财务报表均由 ABC 会计师事务所审计。2015 年 3 月，在执行完甲公司 2014 年度财务报表审计业务、提交了标准无保留意见审计报告后，ABC 会计师事务所与甲公司又签订了其 2015 年度财务报表的审计业务约定书，并委派执行 2014 年度财务报表审计的注册会计师张三和李四继续负责该项审计业务。在了解甲公司及其环境、评估重大的错报风险时，注册会计师张三和李四注意到甲公司 2015 年度发生了如下事项和情况：

（1）2015 年初，为提高存货管理水平，甲公司各个仓库配置了计算机信息系统，该系统使甲公司各仓库之间实现了内部联网，出库单、入库单由原先的人工填写改为计算机打印。

（2）为提高会计核算质量，预防重大差错的发生，2015 年 4 月 30 日，财务部门按公司规定在财务部门内部进行了定期轮岗，此次轮岗变更了所有财务人员的工作内容。为配合此次财务人员内部轮换，内部审计部门在财务人员内部轮换后的连续三个月内加大了复核与核查的力度。

（3）2015 年 10 月，为开拓国际市场，甲公司董事会决定在非洲地区设立分公司。由于该地区的各国著名商家云集，均难以获得市场准入，公司董事会决定投入 500 万元美元在莫桑比克设立分公司。到 2015 年底，该分公司已正式开始营业，虽然该地区时常发生政变等动荡，但分公司的经营基本未受影响。

（4）新任销售部经理在 2015 年初向董事会承诺本年度销售收入比上年增加 50%、否则扣发全体管理人员全年奖金。2015 年 12 月 15—20 日，甲公司销售部门以诱人的优惠条件吸引新、老客户于 2015 年底之前签订销售合同、预付部分货款。部分客户受优惠条件的吸引，已提前预付了货款，并同意次年提货。对于这一阶段发生的新的销售业务，财务人员根据总经理的批示进行了特殊处理。

资料来源：考试资料网。

◎思考问题：

请替注册会计师张三和李四逐一分析资料中各种情况，指出每种情况是否表明或导致甲公司财务报表存在重大错报风险，并简要为之说明理由。

第一节 风险评估的概况

一、风险评估程序的定义

风险评估程序，即注册会计师为了了解被审计单位及其环境而实施程序。通过风险评估，注册会计师能够识别和评估财务报表里的重大错报风险，为设计和实施进一步审计程序奠定良好的基础。

询问被审计单位管理层和内部其他相关人员是注册会计师了解被审计单位及其环境的一个重要信息来源。

二、风险评估的目的

风险评估程序的目的是识别和评估财务报表的重大错报风险。

三、风险评估的要求

(1) 在审计的所有阶段都要进行风险评估程序，而且审计人员应当将识别的风险与认定层次可能发生错报的领域相联系，而不能直接将风险设定为一个较高的水平。

(2) 要将识别和评估的风险与准备实施的审计程序进行关联，设计和实施进一步审计程序的时候，应当将审计程序的性质、时间和范围与识别、评估的风险相联系。

(3) 风险评估是基于职业判断。但是我们看到，由于受限于被审计单位内部控制制度，无论评估的重大错报风险的结果如何，注册会计师均应当针对重大的各类交易、账户余额、列报和披露实施实质性程序。

(4) 要将识别、评估和应对风险的关键程序形成审计工作记录，以保证执业质量。

四、风险评估程序的内容

注册会计师应当通过实施下列风险评估程序，以了解被审计单位及其环境。这些程序包括询问、分析程序、观察和检查。

(一) 询问

注册会计师可以考虑向管理层和财务负责人询问下列事项：

1. 管理层所关注的主要问题。如新的竞争对手、主要客户和供应商的流失、新的税收法规的实施以及经营目标或战略的变化等。

2. 被审计单位最近的财务状况、经营成果和现金流量。

3. 可能影响财务报告的交易和事项，或者当前发生的重大会计处理问题。如重大的购并事宜等。

4. 被审计单位发生的其他重要变化。如所有权结构、组织结构的变化，以及内部控制的变化等。

尽管注册会计师通过询问管理层和财务负责人可获取大部分信息，但是询问被审计单位内部的其他人士可能为注册会计师提供不同的信息，有助于识别重大错报风险。因此，注册会计师除了询问管理层和对财务报告负有责任的人员外，还应当考虑询问内部审计人员、采购人员、生产人员、销售人员等其他人员，并考虑询问不同级别的员工，以获取对识别重大错报风险有用的信息。在确定向被审计单位的哪些人员进行询问以及询问哪些问题时，注册会计师应当考虑何种信息有助于其识别和评估重大错报风险。例如：

(1) 询问治理层，有助于注册会计师理解财务报表编制的环境；

（2）询问内部审计人员，有助于注册会计师了解其针对被审计单位内部控制设计和运行有效性而实施的工作，以及管理层对内部审计发现的问题是否采取适当的措施；

（3）询问参与生成、处理或记录复杂或异常交易的员工，有助于注册会计师评估被审计单位选择和运用某项会计政策的适当性；

（4）询问内部法律顾问，有助于注册会计师了解有关法律法规的遵循情况、产品保证和售后责任、与业务合作伙伴的安排（如合营企业）、合同条款的含义以及诉讼情况等；

（5）询问营销或销售人员，有助于注册会计师了解被审计单位的营销策略及其变化、销售趋势以及与客户的合同安排；

（6）询问采购人员和生产人员，有助于注册会计师了解被审计单位的原材料采购和产品生产等情况；

（7）询问仓库人员，有助于注册会计师了解原材料、生产成品等存货的进出、保管和盘点等情况。

（二）分析程序

分析程序是指注册会计师通过研究不同财务数据之间以及财务数据与非财务数据之间的内在关系，对财务信息作出评价。分析程序还包括调查识别出的、与其他相关信息不一致或与预期数据严重偏离的波动和关系。

分析程序既可用作风险评估程序和实质性程序，也可用于对财务报表的总体复核。本准则主要说明在了解被审计单位及其环境并评估重大错报风险时使用的分析程序，即将分析程序用作风险评估程序。

注册会计师实施分析程序有助于识别异常的交易或事项，以及对财务报表和审计产生影响的金额、比率和趋势。

在实施分析程序时，注册会计师应当预期可能存在的合理关系，并与被审计单位记录的金额、依据记录金额计算的比率或趋势相比较；如果发现异常或未预期到的关系，注册会计师应当在识别重大错报风险时考虑这些比较结果。

如果使用了高度汇总的数据，实施分析程序的结果仅可能初步显示财务报表存在重大错报风险，注册会计师应当将分析结果连同识别重大错报风险时获取的其他信息一并考虑。例如，被审计单位存在很多产品系列，各个产品系列的毛利率存在一定差异。对总体毛利率实施分析程序的结果仅可能初步显示销售成本存在重大错报风险，注册会计师需要实施更为详细的分析程序。例如，在一个酒类销售公司里，对所售出的每一产品系列酒类进行毛利率分析，或者将总体毛利率分析的结果连同其他信息一并考虑。

（三）观察和检查

观察和检查程序可以印证对管理层和其他相关人员的询问结果，并可提供有关被审计单位及其环境的信息，注册会计师应当实施下列观察和检查程序。

1. 观察被审计单位的生产经营活动。例如，观察被审计单位人员正在从事的生产活动和内部控制活动，可以增加注册会计师对被审计单位人员如何进行生产经营活动及实施内部控制的了解。

2. 检查文件、记录和内部控制手册。例如，检查被审计单位的章程，与其他单位签订的合同、协议，各业务流程操作指引和内部控制手册等，了解被审计单位组织结构和内部控制制度的建立健全情况。

3. 阅读由管理层和治理层编制的报告。例如，阅读被审计单位年度和中期财务报告，股东大会、董事会会议、高级管理层会议的会议记录或纪要，管理层的讨论和分析资料，经营计划和战略，对重要经营环节和外部因素的评价，被审计单位内部管理报告以及其他特殊目的报告（如新投资项目的可行性分析报告）等，了解自上一审计结束至本期审计期间被审计单位发生的重大事项。

4. 实地察看被审计单位的生产经营场所和设备。通过现场访问和实地察看被审计单位的生产经营场所和设备，可以帮助注册会计师了解被审计单位的性质及其经营活动。在实地察看被审计单位的厂房和办公场所的过程中，注册会计师有机会与被审计单位的管理层和担任不同职责的员工进行交流，可以增强注册会计师对被审计单位的经营活动及其重大影响因素的了解。

5. 追踪交易在财务报告信息系统中的处理过程（穿行测试）。这是注册会计师了解被审计单位业务流程及其相关控制时经常使用的审计程序。通过追踪某笔或某几笔交易在业务流程中如何生成、记录、处理和报告，以及相关内部控制如何执行，注册会计师可以确定被审计单位的交易流程和相关控制是否与之前通过其他程序所获得的了解一致，并确定相关控制是否得到执行。

五、其他审计程序

除了采用上述程序从被审计单位内部获取信息以外，如果根据职业判断认为从被审计单位外部获取的信息有助于识别重大错报风险，注册会计师应当实施其他审计程序以获取这些信息。例如，询问被审计单位聘请的外部法律顾问、专业评估师、投资顾问和财务顾问等。

阅读外部信息也可能有助于注册会计师了解被审计单位及其环境。外部信息包括证券分析师、银行、评级机构出具的有关被审计单位及其所处行业的经济或市场环境等状况的报告，贸易与经济方面的期刊，法规或金融出版物，以及政府部门或民间组织发布的行业报告和统计数据等。

注册会计师应当考虑在承接客户或续约过程中获取的信息，以及向被审计单位提供其他服务所获得的经验是否有助于识别重大错报风险。通常，对新的审计业务，注册会计师应在业务承接阶段对被审计单位及其环境有一个初步的了解，以确定是否承接该业务。而对连续审计业务，也应在每年的续约过程中对上年审计作总体评价，并更新对被审计单位的了解和风险评估结果，以确定是否续约。注册会计师还应当考虑向被审计单位提供其他服务（如执行中期财务报表审阅业务）所获得的经验是否有助于识别重大错报风险。

第二节　了解被审计单位的环境

一、了解被审计单位的环境总体要求

了解被审计单位的环境，目的是识别和评估财务报表的重大错报风险。识别被审计单位及其环境在各方面与以前相比有无发生重大变化，对于充分了解被审单位及其环境、识别和评估重大错报风险显得尤为重要。

注册会计师应当从下列方面了解被审计单位及其环境：（1）相关行业状况、法律环境和监管环境及其他外部因素；（2）被审计单位的性质；（3）被审计单位对会计政策的选择和运用；（4）被审计单位的目标、战略以及可能导致重大错报风险的相关经营风险；（5）对被审计单位财务业绩的衡量和评价；（6）被审计单位的内部控制。

上述第（1）项是被审计单位的外部环境，第（2）、（3）、（4）项以及第（6）项是被审计单位的内部因素，第（5）项则既有外部因素也有内部因素。值得注意的是，被审计单位及其环境的各个方面可能会互相影响。例如，被审计单位的行业状况、法律环境与监管环境以及其他外部因素可能影响到被审计单位的目标、战略以及相关经营风险，而被审计单位的性质、目标、战略以及相关经营风险可能影响到被审计单位对会计政策的选择和运用，以及内部控制的设计和执行。因此，注册会计师在对被审计单位及其环境的各个方面进行了解和评估时，应当考虑各因素之间的相互关系。

注册会计师针对上述六个方面实施的风险评估程序的性质、时间安排和范围取决于审计业务的具体情况，如被审计单位的规模和复杂程度，以及注册会计师的相关审计经验，包括以前对被审计单位提供审计和相关服务的经验以及对类似行业、类似企业的审计经验。此外，识别被审计单位及其环境在上述各方面与以前期间相比发生的重大变化，对于充分了解被审计单位及其环境、识别和评估重大错报风险尤为重要。

二、行业状况、法律环境和监管环境及其他外部因素

（一）行业状况

了解行业状况有助于注册会计师识别与被审计单位所处行业有关的重大错报风险。

注册会计师应当了解被审计单位的行业状况，主要包括：

1. 所处行业的市场与竞争，包括市场需求、生产能力和价格竞争；
2. 生产经营的季节性和周期性；
3. 与被审计单位产品相关的生产技术；
4. 能源供应与成本；
5. 行业的关键指标和统计数据。

具体而言，注册会计师可能需要了解以下情况：

①被审计单位所处行业的总体发展趋势是什么？

②处于哪一发展阶段，如起步、快速成长、成熟或衰退阶段？

③所处市场的需求、市场容量和价格竞争如何？

④该行业是否受经济周期波动的影响，以及采取了什么行动使波动产生的影响最小化？

⑤该行业受技术发展影响的程度如何？

⑥是否开发了新的技术？

⑦能源消耗在成本中所占比重，能源价格的变化对成本的影响。

⑧谁是被审计单位最重要的竞争者？它们各自所占的市场份额是多少？

⑨被审计单位与其竞争者相比主要的竞争优势是什么？

⑩被审计单位业务的增长率和财务业绩与行业的平均水平及主要竞争者相比如何？存在重大差异的原因是什么？

⑪竞争者是否采取了某些行动，如购并活动、降低销售价格、开发新技术等，从而对被审计单位的经营活动产生影响？

（二）法律环境与监管环境

1. 了解法律环境与监管环境的主要原因在于：

（1）某些法律法规或监管要求可能对被审计单位经营活动有重大影响，如不遵守将导致停业等严重后果；

（2）某些法律法规或监管要求（如环保法规等）规定了被审计单位某些方面的责任和义务；

（3）某些法律法规或监管要求决定了被审计单位需要遵循的行业惯例和核算

要求。

2. 注册会计师应当了解被审计单位所处的法律环境与监管环境，主要包括：

（1）会计原则和行业特定惯例；

（2）受管制行业的法规框架；

（3）对被审计单位经营活动产生重大影响的法律法规，包括直接的监管活动；

（4）税收政策（关于企业所得税和其他税种的政策）；

（5）目前对被审计单位开展经营活动产生影响的政府政策，如货币政策（包括外汇管制）、财政政策、财政刺激措施（如政府援助项目）、关税或贸易限制政策等；

（6）影响行业和被审计单位经营活动的要求。

（三）其他外部因素

注册会计师应当了解影响被审计单位经营的其他外部因素，主要包括总体经济情况、利率、融资的可获得性、通货膨胀水平或币值变动等。

具体而言，注册会计师可能需要了解以下情况：

1. 当前的宏观经济状况以及未来的发展趋势如何？

2. 目前国内或本地区的经济状况（如增长率、通货膨胀率、失业率、利率等）怎样影响被审计单位的经营活动？

3. 被审计单位的经营活动是否受到汇率波动或全球市场力量的影响？

（四）着重了解的方面和了解程度

注册会计师对行业状况、法律环境与监管环境以及其他外部因素了解的范围和程度会因被审计单位所处行业、规模以及其他因素（如在市场中的地位）的不同而不同。例如，对从事计算机硬件制造的被审计单位，注册会计师可能更关心市场和竞争以及技术进步的情况；对金融机构，注册会计师可能更关心宏观经济走势以及货币、财政等方面的宏观经济政策；对化工等产生污染的行业，注册会计师可能更关心相关环保法规。注册会计师应当考虑将了解的重点放在对被审计单位的经营活动可能产生重要影响的关键外部因素以及与前期相比发生的重大变化上。注册会计师应当考虑被审计单位所在行业的业务性质或监管程度是否可能导致特定的重大错报风险，考虑项目组是否配备了具有相关知识和经验的成员。例如，建筑行业长期合同涉及收入和成本的重大估计，可能导致重大错报风险；银行监管机构对商业银行的资本充足率有专门规定，不能满足这一监管要求的商业银行可能有操纵财务报表的动机和压力。

三、了解被审计单位的性质

(一)所有权结构(股权结构)

对被审计单位所有权结构的了解有助于注册会计师识别关联方关系并了解被审计单位的决策过程。注册会计师应当了解所有权结构以及所有者与其他人员或实体之间的关系,考虑关联方关系是否已经得到识别,以及关联方交易是否得到恰当核算。例如,注册会计师应当了解被审计单位是属于国有企业、外商投资企业、民营企业,还是属于其他类型的企业,还应当了解其直接控股母公司、间接控股母公司、最终控股母公司和其他股东的构成,以及所有者与其他人员或实体(如控股母公司控制的其他企业)之间的关系。注册会计师应当按照《中国注册会计师审计准则第1323号——关联方》的规定,了解被审计单位识别关联方的程序,获取被审计单位提供的所有关联方信息,并考虑关联方关系是否已经得到识别,关联方交易是否得到恰当记录和充分披露。

同时,注册会计师可能需要对其控股母公司(股东)的情况作进一步的了解,包括控股母公司的所有权性质、管理风格及其对被审计单位经营活动及财务报表可能产生的影响;控股母公司与被审计单位在资产、业务、人员、机构、财务等方面是否分开,是否存在占用资金等情况;控股母公司是否施加压力,要求被审计单位达到其设定的财务业绩目标。

(二)治理结构

良好的治理结构可以对被审计单位的经营和财务运作实施有效的监督,从而降低财务报表发生重大错报的风险。注册会计师应当了解被审计单位的治理结构。例如,董事会的构成情况、董事会内部是否有独立董事;治理结构中是否设有审计委员会或监事会及其运作情况。注册会计师应当考虑治理层是否能够在独立于管理层的情况下对被审计单位事务(包括财务报告)作出客观判断。

(三)组织结构

复杂的组织结构可能导致某些特定的重大错报风险。注册会计师应当了解被审计单位的组织结构,考虑复杂组织结构可能导致的重大错报风险,包括财务报表合并、商誉减值以及长期股权投资核算等问题。例如,对于在多个地区拥有子公司、合营企业、联营企业或其他成员机构,或者存在多个业务分部和地区分部的被审计单位,不仅编制合并财务报表的难度增加,还存在其他可能导致重大错报风险的复杂事项,包括:对于子公司、合营企业、联营企业和其他股权投资类别的判断及其会计处理等。

（四）经营活动

了解被审计单位经营活动有助于注册会计师识别预期在财务报表中反映的主要交易类别、重要账户余额和列报。注册会计师应当了解被审计单位的经营活动。主要包括：

1. 主营业务的性质。例如，主营业务是制造业还是商品批发与零售；是银行、保险还是其他金融服务；是公用事业、交通运输还是提供技术产品和服务等。

2. 与生产产品或提供劳务相关的市场信息。例如，主要客户和合同、付款条件、利润率、市场份额、竞争者、出口、定价政策、产品声誉、质量保证、营销策略和目标等。

3. 业务的开展情况。例如，业务分部的设立情况、产品和服务的交付、衰退或扩展的经营活动的详情等。

4. 联盟、合营与外包情况。

5. 从事电子商务的情况。是否通过互联网销售产品和提供服务以及从事营销活动。

6. 地区分布与行业细分。例如，是否涉及跨地区经营和多种经营，各个地区和各行业分布的相对规模以及相互之间是否存在依赖关系。

7. 生产设施、仓库和办公室的地理位置，存货存放地点和数量。

8. 关键客户。例如，销售对象是少量的大客户还是众多的小客户；是否有被审计单位高度依赖的特定客户（如超过销售总额10%的顾客）；是否有造成高回收性风险的若干客户或客户类别（如正处在一个衰退市场中的客户）；是否与某些客户订立了不寻常的销售条款或条件。

9. 货物和服务的重要供应商。例如，是否签订长期供应合同、原材料供应的可靠性和稳定性、付款条件，以及原材料是否受重大价格变动的影响。

10. 劳动用工安排。例如，分地区用工情况、劳动力供应情况、工薪水平、退休金和其他福利、股权激励或其他奖金安排以及与劳动用工事项相关的政府法规。

11. 研究与开发活动及其支出。

12. 关联方交易。例如，有些客户或供应商是否为关联方；对关联方和非关联方是否采用不同的销售和采购条款。此外，还存在哪些关联方交易，对这些交易采用怎样的定价政策。

（五）投资活动

了解被审计单位投资活动有助于注册会计师关注被审计单位在经营策略和方向上的重大变化。注册会计师应当了解被审计单位的投资活动。主要包括：

1. 近期拟实施或已实施的并购活动与资产处置情况，包括业务重组或某些业务的终止。注册会计师应当了解并购活动如何与被审计单位目前的经营业务相协调，并考虑它们是否会引发进一步的经营风险。例如，被审计单位并购了一个新的业务部门，注册会计师需要了解管理层如何经营管理这一新业务，而新业务又如何与现有业务有机融合，发挥协同优势，如何解决原有经营业务与新业务在信息系统、企业文化等各方面的不一致。

2. 证券投资、委托贷款的发生与处置。

3. 资本性投资活动，包括固定资产和无形资产投资，近期或计划发生的变动，以及重大的资本承诺等。

4. 不纳入合并范围的投资。例如，联营、合营或其他投资，包括近期计划的投资项目。

（六）筹资活动

了解被审计单位筹资活动有助于注册会计师评估被审计单位在融资方面的压力，并进一步考虑被审计单位在可预见未来的持续经营能力。注册会计师应当了解被审计单位的筹资活动，主要包括：

1. 债务结构和相关条款，包括资产负债表外融资和租赁安排。例如，获得的信贷额度是否可以满足营运需要；得到的融资条件及利率是否与竞争对手相似，如不相似，原因何在；是否存在违反借款合同中限制性条款的情况；是否承受重大的汇率与利率风险。

2. 主要子公司和联营企业（无论是否处于合并范围内）的重要融资安排。

3. 实际受益方及关联方。例如，实际受益方是国内的还是国外的，其商业声誉和经验。

4. 衍生金融工具的使用。例如期货期权等衍生金融工具是用于交易目的还是套期目的，以及运用的种类、范围和交易对手等。

（七）财务报告

1. 会计政策和行业特定惯例，包括特定行业的重要活动（如银行业的贷款和投资、医药行业的研究与开发活动）；

2. 收入确认惯例；

3. 公允价值会计核算；

4. 外币资产、负债与交易；

5. 异常或复杂交易（包括在有争议的或新兴领域的交易）的会计处理（如对股份支付的会计处理）。

四、被审计单位对会计政策的选择和运用

(1) 重大和异常交易的会计处理方法。例如，本期发生的企业合并的会计处理方法。某些被审计单位可能存在与其所处行业相关的重大交易，例如，银行向客户发放贷款、证券公司对外投资、医药企业的研究与开发活动等。注册会计师应当考虑对重大的和不经常发生的交易的会计处理方法是否适当。

(2) 在缺乏权威性标准或共识、有争议的或新兴领域采用重要会计政策产生的影响，在缺乏权威性标准或共识领域，注册会计师应当关注被审计单位选用了哪些会计政策，以及为什么选用这些会计政策和这些会计政策产生的影响。

(3) 会计政策的变更。①会计政策变更是否是法律、行政法规或者适用的会计准则和相关会计制度要求的变更；②会计政策变更是否能够提供更可靠、更相关的会计信息。除此之外，注册会计师还应当关注会计政策的变更是否得到恰当处理和充分披露。

(4) 新颁布的财务报告准则、法律法规，以及被审计单位何时采用、如何采用这些规定。例如，当新的企业会计准则颁布施行时，注册会计师应考虑被审计的单位是否应采用新颁布的会计准则，如果采用，是否已按照新会计准则的要求做好衔接调整工作，并收集执行新会计准则需要的信息资料。

除上述与会计政策的选择和运用相关的事项外，注册会计师还应对被审计单位下列与会计政策运用相关的情况予以关注：

(1) 是否采用激进的会计政策、方法、估计和判断；

(2) 财会人员是否拥有足够的运用会计准则的知识、经验和能力；

(3) 是否拥有足够的资源支持会计政策的运用，如人力资源及培训、信息技术的采用、数据和信息的采集等。

注册会计师应当充分考虑，被审计单位是否按照适用的会计准则和相关的会计制度恰当地进行列报处理，并将重要事项进行了披露，列报和披露的主要内容包括：财务报表及其附注的格式、结构安排、内容、财务报表项目使用的专业术语、披露信息的明细程度、项目在财务报表中的分类以及列报信息的来源等，注册会计师应当考虑被审计单位是否已对特定的事项进行了列报和披露。

五、被审计单位的目标、战略与经营风险

目标是企业经营活动的指针。企业管理层或治理层一般会根据企业经营面临的外部环境和内部各种因素，制定合理可行的经营目标。

战略是管理层为实现经营目标采用的方法。为了实现某一既定的经营目标，企业可能有多个可行战略。例如，如果目标是在某一特定期间，那么可行的战略可能包括收购该市场内的现有企业、与该市场内的其他企业合资经营或自行开发进入该

市场。随着外部环境的变化，企业应对目标和战略作出相应的调整。

经营风险是指可能对被审计单位实现目标和实施战略的能力产生不利影响的重要状况、事项、情况、作为（或不作为）所导致的风险，或制定不恰当的目标和战略而导致的风险。不同的企业可能面临不同的经营风险，这取决于企业经营的性质、所处行业、外部监管环境、企业的规模和复杂程度。管理层有责任识别和应对这些风险。不能随环境的变化而作出相应的调整固然可能产生经营风险。但是，调整的过程也可能导致经营风险。例如，为应对消费者需求的变化，企业开发了新产品。但是，开发的新产品可能会产生开发失败的风险，即使开发成功，市场需求可能不如预期，从而产生产品营销风险；产品的缺陷还可能导致企业遭受声誉风险和承担产品赔偿责任的风险。

注册会计师应当了解被审计单位是否存在与下列方面有关的目标和战略，并考虑相应的措施。

（一）经营风险

1. 行业发展（例如，潜在的相关经营风险可能是被审计单位不具备足以应对行业变化的人力资源和业务专长）；

2. 开发新产品或提供新服务（例如，潜在的相关经营风险可能是被审计单位产品责任增加）；

3. 业务扩张（例如，潜在的相关经营风险可能是被审计单位对市场需求的估计不准确）；

4. 新的会计要求（例如，潜在的相关经营风险可能是被审计单位不当执行相关会计要求，或会计处理成本增加）；

5. 监管要求（例如，潜在的相关经营风险可能是被审计单位法律责任增加）；

6. 本期及未来的融资条件（例如，潜在的相关经营风险可能是被审计单位由于无法满足融资条件而失去融资机会）；

7. 信息技术的运用（例如，潜在的相关经营风险可能是被审计单位信息系统与业务流程难以融合）；

8. 实施战略的影响，特别是由此产生的需要运用新的会计要求的影响。

（二）经营风险和财务报表重大错报风险

经营风险与财务报表重大错报风险是既有联系又相互区别的两个概念。前者比后者范围更广。注册会计师了解被审计单位的经营风险有助于其识别财务报表重大错报风险。但并非所有的经营风险都与财务报表相关，注册会计师没有责任识别或评估对财务报表没有重大影响的经营风险。

多数经营风险最终都会产生财务后果，从而影响财务报表。但并非所有的经营风险都会导致重大错报风险。经营风险可能对某类交易、账户余额和披露的认定层次重大错报风险或财务报表层次重大错报风险产生直接影响。例如，贷款客户的企业合并导致银行客户群减少，使银行信贷风险集中，由此产生的经营风险可能增加与贷款计价认定有关的重大错报风险。同样的风险，在经济紧缩时，可能具有更为长期的后果，注册会计师在评估持续经营假设的适当性时需要考虑这一问题。注册会计师应当根据被审计单位的具体情况考虑经营风险是否可能导致财务报表发生重大错报。

目标、战略、经营风险和重大错报风险之间的相互联系可举例予以说明。例如，企业当前的目标是在某一特定期间内进入某一新的海外市场，企业选择的战略是在当地成立合资公司。从该战略本身来看，是可以实现这一目标的。但是，成立合资公司可能会带来很多的经营风险，例如，企业如何与当地合资方在经营活动、企业文化等各方面协调，是否在合资公司中获得控制权或共同控制权，当地市场情况是否会发生变化，当地对合资公司的税收和外汇管理方面的政策是否稳定，合资公司的利润是否可以汇回，是否存在汇率风险等。这些经营风险反映到财务报表中，可能会因涉及对合资公司是属于子公司、合营企业或联营企业的判断问题，投资核算问题，包括是否存在减值问题、对当地税收规定的理解是否充分的问题，以及外币折算等问题，而导致财务报表出现重大错报风险。

（三）被审计单位的风险评估过程

管理层通常制定识别和应对经营风险的策略，注册会计师应当了解被审计单位的风险评估过程。此类风险评估过程是被审计单位内部控制的组成部分。

（四）对小型被审计单位的考虑

小型被审计单位通常没有正式的计划和程序来确定其目标、战略并管理经营风险。注册会计师应当询问管理层或观察小型被审计单位如何应对这些事项，以获取了解，并评估重大错报风险。

六、被审计单位财务业绩的衡量和评价

被审计单位管理层经常会衡量和评价关键业绩指标（包括财务的和非财务的）、预算及差异分析、分部信息和分支机构、部门或其他层次的业绩报告以及与竞争对手的业绩比较。此外，外部机构也会衡量和评价被审计单位的财务业绩，如分析师的报告和信用评级机构的报告。

在了解被审计单位财务业绩衡量和评价情况时，注册会计师应当关注下列信息：

1. 关键业绩指标（财务的或非财务的）、关键比率、趋势和经营统计数据；

2. 同期财务业绩比较分析；

3. 预算、预测、差异分析，分部信息与分部、部门或其他不同层次的业绩报告；

4. 员工业绩考核与激励性报酬政策；

5. 被审计单位与竞争对手的业绩比较。

第三节　了解被审计单位的内部控制

一、内部控制的含义和要素

内部控制是被审计单位为了合理保证财务报告的可靠性、经营的效率和效果以及对法律法规的遵守，由治理层、管理层和其他人员设计与执行的政策及程序。

可以从以下几个方面理解内部控制：

（1）内部控制的目标是合理保证。

①财务报告的可靠性，这一目标与管理层履行财务报告编制责任密切相关；

②经营的效率和效果，即经济有效地使用企业资源，以最优方式实现企业的目标；

③遵守适用的法律法规的要求，即在法律法规的框架下从事经营活动。

（2）设计和实施内部控制的责任主体是治理层、管理层和其他人员，组织中的每一个人都对内部控制负有责任。

（3）实现内部控制目标的手段是设计和执行控制政策及程序。

（4）内部控制包括下列要素：①控制环境；②风险评估过程；③与财务报告相关的信息系统和沟通；④控制活动；⑤对控制的监督。上述五要素的内涵以及注册会计师对内部控制要素了解的重点，将在后面进行讲解。

二、内部控制的局限性

（一）内部控制的固有局限性

内部控制无论如何有效，都只能为被审计单位实现财务报告目标提供合理保证。内部控制实现目标的可能性受其固有限制的影响。这些限制包括：

在决策时人为判断可能出现错误和因人为失误而导致内部控制失效。例如，控制的设计和修改可能存在失误。同样地，控制的运行可能无效，例如，由于负责复核信息的人员不了解复核的目的或没有采取适当的措施，内部控制生成的信息（如例外报告）没有得到有效使用。控制可能由于两个或更多的人员串通或管理层不当地凌驾于内部控制之上而被规避。例如，管理层可能与客户签订“背后协议”，修改标准的销售合同条款和条件，从而导致不适当的收入确认。再如，软件中的编辑控制旨在识别和报告超过赊销信用额度的交易，但这一控制可能被凌驾或不能得到执行。

此外，如果被审计单位内部行使控制职能的人员素质不适应岗位要求，也会影响内部控制功能的正常发挥。被审计单位实施内部控制的成本效益问题也会影响其效能，当实施某项控制成本大于控制效果而发生损失时，就没有必要设置该控制环节或控制措施。内部控制一般都是针对经常而重复发生的业务设置的，如果出现不经常发生或未预计到的业务，原有控制就可能不适用。

（二）对小型被审计单位的考虑

小型被审计单位拥有的员工通常较少，限制了其职责分离的程度。但是，在业主管理的小型被审计单位，业主兼经理可以实施比大型被审计单位更有效的监督。这种监督可以弥补职责分离有限的局限性。另外，由于内部控制系统较为简单，业主兼经理更有可能凌驾于控制之上。注册会计师在识别由于舞弊导致的重大错报风险时需要考虑这一问题。

内部控制制度是现代管理的一个重要组成部分，是单位内部各种形式控制的总称。2000 年，美国政府颁布的《萨班斯-奥克斯利》法案对企业加强内部控制产生了广泛而深刻的影响。国内关于内部控制管理的法规也在不断完善和进步，国内新的《会计法》《内部会计控制规范》对公司内部会计监督提出了明确的要求，建立健全有效的内部控制体系，是建立现代企业制度的内在要求，是提升管理效率的必然要求。

三、内部控制的要素

内部控制基本要素贯穿于企业管理过程，与管理过程紧密相连，内部控制要素包含五个方面：

（一）内部环境

内部环境规定企业的纪律与架构，影响经营管理目标的制定，塑造企业文化氛围并影响员工的控制意识，是企业建立与实施内部控制的基础。内部环境包括：①治理结构，良好和完善的公司治理结构，有利于企业稳定和健康发展，可以为企业内部控制的建立和有效实施提供保障；②机构设置及权责分配，科学合理的职责权限配置，有助于在企业经营中形成各负其责，各司其责的工作机制，发挥企业内部各级管理人员和员工在经营活动中的主动性和积极性，保证各项控制措施得以落实，为内部控制优先实施创造良好的条件；③内部审计机制，内部审计作为内部控制工作的重要环节，一方面对企业经营活动进行审计，及时发现存在的问题并报告有关方面采取措施予以纠正，另一方面对内部控制的建立和实施进行持续性的监控；④人力资源政策，人力资源政策表明一个企业聘用、使用员工的基本态度，同时也在某种程度上反映企业员工的基本情况；⑤企业文化，对于一个企业来说，要着力建设和形成有利于企业长远发展的文化，从内部控制来说，要形成合力的经营管理理念、内部控制意识等。

（二）风险评估

风险评估是企业及时识别、科学分析经营活动中与实现控制目标相关的风险，合理确定风险应对策略，实施内部控制的重要环节。风险评估主要包括：①目标设定，企业应当根据自身的实际情况，按照本身的发展规划，合理确定战略目标；②风险识别，企业应当准确识别实现与控制目标相关的内部风险和外部风险，确定相应的风险承受度；③风险分析，企业应采取定性和定量相结合的方法，按照风险发生的可能性及其影响程度等，对识别的风险进行分析和排序，确定关注重点和优先控制的风险；④风险应对，企业应当根据风险分析的结果，结合风险承受度，权衡风险和收益，确定风险应对策略。

（三）控制活动

控制活动是指企业根据风险应对策略，采用相应的控制措施，将风险控制在可承受度之内，是实施内部控制的具体方式。常见的控制措施有不相容职务分离控制、授权审批控制、会计系统控制、财产保护控制、预算控制、运营分析控制和绩效考评控制等。企业应当根据内部控制目标，结合风险应对策略，综合运用控制措施，对各种业务和事项实施有效控制。

（四）信息与沟通

信息与沟通是企业及时准确地收集、传递与内部控制相关的信息，确保信息在企业内部、企业与外部之间进行有效沟通，是实施内部控制的重要条件。信息与沟通的要件主要包括：①信息质量，企业日常生产经营需要收集各种内部信息和外部信息，并对这些信息进行合理筛选、核对、整合，提高信息的有用性；②沟通制度，信息的价值必须通过传递和使用才能体现，企业应当建立信息沟通制度，将内部控制相关信息在企业内部各管理级次、责任单位、业务环节之间，以及企业与外部投资者、债权人、客户、供应商、中介机构和监管部门等有关方面之间进行沟通和反馈；③信息系统，为提高控制效率，企业可以运用信息技术加强内部控制，建立与经营管理相适应的信息系统，促进内部控制流程与信息系统的有机结合，实现对业务和事项的自动控制，减少或消除人为操纵因素；④反舞弊机制，企业应当建立反舞弊机制，坚持惩防并举、重在预防的原则，明确反舞弊工作的重点领域、关键环节和有关机构在反舞弊工作中的职责权限，规范舞弊案件的举报、调查、处理、报告和补救程序。

（五）内部监督

内部监督是企业对内部控制建立与实施情况进行监督检查，评价内部控制的有效性，对于发现的内部控制缺陷，及时加以改进，是实施内部控制的重要保证。内部监督包括日常监督和专项监督。日常监督是指企业对建立与实施内部控制的情况进行常规、持续的监督检查。专项监督是指在企业发展战略、组织结构、经营活动、业务流程、关键岗位员工等发生较大调整或变化的情况下，对内部控制的某一或某些方面进行有针对性的监督检查。专项监督的范围和频率根据风险评估结果以及日常监督的有效性等予以确定。

以上五项要素既相互独立又相互联系，形成一个有机统一体，对不断变化的环境自动作出反应。内部控制的五要素是从建立和实施内部控制角度提出的，是对内部控制制度进行的高度提炼。建立一项内部控制制度，不能仅从某一要素考虑，而必须统筹内部控制的五个要素，通过对企业各项经济业务及其业务流程进行梳理，根据设定的内部控制目标，分别从内部环境、风险评估、控制活动、信息与沟通以及内部监督五个方面，设计和实施内部控制。任何一项控制措施都必须从上述五项要素进行考虑，首先基于企业现有的内部环境，对企业经营活动风险，包括公司层面的风险和业务流程方面的风险进行评估，确定相应的风险应对策略，并针对风险评估确定的风险点确定相应的控制措施，实施内部控制活动；与此同时建立相应的信息收集和沟通机制，对企业经营活动相关的内部信息和外部信息进行收集、加工、整理，及时反馈至企业内部控制相关的各方，并同时实施日常监督和专项监督，以提高控制措施实施的有效性，从而实现内部控制目标。

四、在整体层面和业务流程层面了解内部控制

内部控制的某些要素（如控制环境）更多地对被审计单位整体层面产生影响，而其他要素（如信息系统与沟通、控制活动）则可能更多地与特定业务流程相关。在实务中，注册会计师应当从被审计单位整体层面和业务流程层面分别了解和评价被审计单位的内部控制。整体层面的控制（包括对管理层凌驾于内部控制之上的控制）和信息技术的一般控制通常在所有业务活动中普遍存在。业务流程层面控制主要是对工薪、销售和采购等交易的控制。整体层面的控制对内部控制在所有业务流程中得到严格的设计和执行具有重要影响。整体层面的控制较差甚至可能使最好的业务流程层面控制失效。例如，被审计单位可能有一个有效的采购系统，但如果会计人员无法胜任，仍然会发生大量错误，且其中一些错误可能导致财务报表存在重大错报。而且，管理层凌驾于内部控制之上（它们经常在企业整体层面出现）

也是不好的公司行为中的普遍问题。

在初步计划审计工作时，注册会计师需要确定在被审计单位财务报表中可能存在重大错报风险的重大账户及其相关认定。为实现此目的，通常采取下列步骤：(1) 确定被审计单位的重要业务流程和重要交易类别；(2) 了解重要交易流程，并记录获得的了解情况；(3) 确定可能发生错报的环节；(4) 识别和了解相关控制；(5) 执行穿行测试，证实对交易流程和相关控制的了解；(6) 进行初步评价和风险评估。

在实务中，上述步骤可能同时进行，例如，在询问相关人员的同时，了解重要交易的流程和相关控制。

(一) 确定重要业务流程和重要交易类别

在实务中，将被审计单位的整个经营活动划分为几个重要的业务循环，有助于注册会计师更有效地了解和评估重要业务流程及相关控制。通常，对制造业企业，可以划分为销售与收款循环、采购与付款循环、生产与存货循环、人力资源与工薪循环、投资与筹资循环等。重要交易类别是指可能对被审计单位财务报表产生重大影响的各类交易。重要交易类别应与相关账户及其认定相联系，例如，对于一般制造业企业，销售收入和应收账款通常是重大账户，销售和收款都是重要交易类别。除了一般所理解的交易以外，对财务报表具有重大影响事项和情况也应包括在内，例如计提资产的折旧或摊销，考虑应收款项的可回收性和计提坏账准备等。

(二) 了解重要交易流程，并进行记录

在确定重要的业务流程和交易类别后，注册会计师便可着手了解每一类重要交易在信息技术或人工系统中生成、记录、处理及在财务报表中报告的程序，即重要交易流程。这是确定在哪个环节或哪些环节可能发生错报的基础。

交易流程通常包括一系列工作：输入数据的核准与修订，数据的分类与合并，进行计算、更新账簿资料和客户信息记录，生成新的交易，归集数据，列报数据。而与注册会计师了解重要交易相关的流程通常包括生成、记录、处理和报告交易等活动。例如，在销售循环中，这些活动包括输入销售订购单、编制货运单据和发票、更新应收账款信息记录等。相关的处理程序包括通过编制调整分录，修改并再次处理以前被拒绝的交易，以及修改被错误记录的交易。

注册会计师要注意记录以下信息：(1) 输入信息的来源；(2) 所使用的重要数据档案，如客户清单及价格信息记录；(3) 重要的处理程序，包括在线输入和更新处理；(4) 重要的输出文件、报告和记录；(5) 基本的职责划分，即列示各部门所负责的处理程序。

注册会计师通常只是针对每一年的变化修改记录流程的工作底稿，除非被审计

单位的交易流程发生重大改变。然而，无论业务流程与以前一个年度相比是否有变化，注册会计师每年需要考虑上述注意事项，以确保对被审计单位的了解是最新的，并包括被审计单位交易流程中相关的重大变化。

（三）确定可能发生错报的环节

注册会计师需要确认和了解被审计单位应在哪些环节设置控制，以防止或发现并纠正各重要业务流程可能发生的错报。注册会计师所关注的控制，是那些能通过防止错报的发生，或者通过发现和纠正已有错报，从而确保每个流程中业务活动的具体流程（从交易的发生到记录于账目）能够顺利运转的人工或自动化控制程序。

尽管不同的被审计单位会为确保会计信息的可靠性而对业务流程设计和实施不同的控制，但设计控制的目的是为实现某些控制目标。实际上，这些控制目标与财务报表重大账户的相关认定相联系。但注册会计师在此时通常不考虑列报认定，而在审计财务报告流程时将考虑该认定。

（四）识别和了解相关控制

通过对被审计单位的了解，在被审计单位整体层面对内部控制各要素的了解，以及在上述程序中对重要业务流程的了解，注册会计师可以确定是否有必要进一步了解在业务流程层面的控制。在某些情况下，注册会计师之前的了解可能表明被审计单位在业务流程层面针对某些重要交易流程所设计的控制是无效的，或者注册会计师并不打算信赖控制，这时注册会计师没有必要进一步了解在业务流程层面的控制。特别需要注意的是，如果认为仅通过实质性程序无法将认定层次的检查风险降至可接受的水平，或者针对特别风险，注册会计师应当了解和评估相关的控制活动。

如果注册会计师计划对业务流程层面的有关控制进行进一步的了解和评价，那么针对业务流程中容易发生错报的环节，注册会计师应当确定：（1）被审计单位是否建立了有效的控制，以防止或发现并纠正这些错报；（2）被审计单位是否遗漏了必要的控制；（3）是否识别了可以最有效测试的控制。

被审计单位有效的内部控制应该与错报发生的环节相关，控制与认定关系越直接，控制对防止或发现纠正错报的效果就越好，通常将业务流程中的控制分为预防性控制和检查性控制，下面分别予以说明。

预防性控制。预防性控制通常用于正常业务流程的每一项交易，以防止错报的发生。在流程中防止错报是信息系统的重要目标。预防性控制可能是人工的，也可能是自动化的。

检查性控制。建立检查性控制的目的是发现流程中可能发生的错报（尽管有预防性控制还是会发生的错报）。被审计单位通过检查性控制，监督其流程和相应的预防性控制能否有效地发挥作用。检查性控制通常是管理层用来监督实现流程目标的控制。检查性控制可以由人工执行，也可以由信息系统自动执行。

如果确信存在以下情况，那么就可以将检查性控制作为一个主要的手段，来合理保证某特定认定发生重大错报的可能性较小：（1）控制所检查的数据是完整、可靠的；（2）控制对于发现重大错报足够敏感；（3）发现的所有重大错报都将被纠正。

前已提及，业务流程中对重要交易类别的有效控制通常同时包括预防性控制和检查性控制。缺乏有效的预防性控制增加了错报的风险，因此，需要建立更为敏感的检查性控制。通常，注册会计师在识别检查性控制的同时，也记录重要的预防性控制。

需要指出的是，注册会计师并不需要了解与每一控制目标相关的所有控制活动。在了解控制活动时，注册会计师应当重点考虑一项控制活动单独或连同其他控制活动，是否能够以及如何防止或发现并纠正各类交易、账户余额和披露存在的重大错报。如果多项控制活动能够实现同一目标，注册会计师不必了解与该目标相关的每项控制活动。

当然，如果在之后的穿行测试和评价中，注册会计师发现已识别的控制实际并未得到执行，则应当重新针对该项控制目标识别是否存在其他的控制。

（五）执行穿行测试，证实对交易流程和相关控制的了解

为了解各类重要交易在业务流程中发生、处理和记录的过程，注册会计师通常会执行穿行测试。执行穿行测试可获得下列方面的证据：（1）确认对业务流程的了解；（2）确认对重要交易的了解是完整的，即在交易流程中所有与财务报表认定相关的可能发生错报的环节都予以识别；（3）确认所获取的有关流程中的预防性控制和检查性控制信息的准确性；（4）评估控制设计的有效性；（5）确认控制是否得到执行；（6）确认之前所做的书面记录的准确性。

需要注意的是，如果不拟信赖控制，注册会计师仍需执行适当的审计程序，以确认以前对业务流程及可能发生错报环节了解的准确性和完整性。

注册会计师将穿行测试的情况记录于工作底稿时，记录的内容包括穿行测试中查阅的文件、穿行测试的程序以及注册会计师的发现和结论。

（六）初步评价和风险评估

对控制的初步评价。在识别和了解控制后，根据执行上述程序及获取的审计证据，注册会计师需要评价控制设计的合理性并确定其是否得到执行。

注册会计师对控制的评价结论可能是：（1）所设计的控制单独或连同其他控制能够防止或发现并纠正重大错报，并得到执行；（2）控制本身的设计是合理的，

但没有得到执行；(3) 控制本身的设计就是无效的或缺乏必要的控制。

由于对控制的了解和评价是在穿行测试完成后但又在测试控制运行有效性之前进行的，因此，上述评价结论只是初步结论，仍可能随控制测试后实施实质性程序的结果而发生变化。

(七) 风险评估需考虑的因素

注册会计师对控制的评价，进而对重大错报风险的评估，需考虑以下因素：

(1) 账户特征及已识别重大错报风险。如果已识别的重大错报风险水平为高(例如，复杂的增值税发票计算或计价过程增加了开票错报的风险；经营的季节性特征增加了在旺季发生错报的风险)，相关的控制应有较高的敏感度，即在错报率较低的情况下也能防止或发现并纠正错报。

(2) 对被审计单位整体层面控制的评价。注册会计师应将对整体层面获得的了解和结论，同在业务流程层面获得的有关重大交易流程及其控制的证据结合起来考虑。

在评价业务流程层面的控制要素时考虑的影响因素可能包括：管理层及执行控制的员工表现出来的胜任能力及诚信度；员工受监督的程度及员工流动的频繁程度；管理层凌驾于控制之上的潜在可能性；缺乏职责划分，包括信息技术系统中自动化的职责划分的情况；审计期间内部审计人员或其他监督人员测试控制运行情况的程度；业务流程变更产生的影响，如变更期间控制程序的有效性是否受到了削弱；在被审计单位的风险评估过程中，所识别的与某项控制运行相关的风险，以及对于该控制是否有进一步的监督。注册会计师同时也要考虑其识别出针对某控制的风险，被审计单位是否也识别出该风险，并采取了适当的措施来降低该风险。

除非存在某些可以使控制得到一贯运行的自动化控制，注册会计师对控制的了解和评价并不能够代替对控制运行有效性的测试。例如，注册会计师获得了某一人工控制在某一时点得到执行的审计证据，但这并不能证明该控制在被审计期间内的其他时点也得到有效执行。

五、记录内部控制的方式

审计人员对被审计单位内部控制的调查结果，应该以书面形式记录或描述出来。常用的方法有文字说明法、调查表法和流程图法。

(一) 文字说明法

文字说明法是指将被审计单位内部控制的调查结果，以简洁的文字加以叙述的方法。优点是：(1) 可以对调查对象作出比较深入和具体的描述；(2) 使用范围广泛，不受企业类型的限制。缺点是：(1) 难以用简明的语言描述内部控制系统的细节；(2) 对于规模较大，内部控制较为复杂的企业，用文字说明势必闲的冗长、头绪繁多，不便从总体上对内部控制系统作出全面评价；(3) 如果对某项控制环节表述不清，则很容易引发对某些控制内容产生误解。

(二) 调查表法

调查表法是指审计人员利用事先设计好的标准化格式的调查表来反映被审计单位内部控制状况的方法。优点是：(1) 调查范围明确，问题突出，容易发现被审计单位内部控制系统中存在的缺陷和薄弱环节；(2) 设计合理的调查表，可广泛适用于同类型企业，从而减少审计工作量；(3) 调查表可由若干人分别同时回答，有助于保证调查效果。缺点是：(1) 反映问题不全面，仅限于被调查事项的范围；(2) 调查表仅要求作出是或否的回答，难以反映被审计单位事项的具体情况和存在问题的程度；(3) 标准格式的调查表缺乏弹性，难以适用于各类型企业，尤其是小型企业或特殊行业的企业，往往会因不适用的回答太多而影响调查效果。

(三) 流程图法

流程图法是指用特定的符号和图形来描述某项业务的整个处理过程，将凭证和记录的产生、传递、检查保存及其相互关系，用图解的形式直观地表达出来的方法。优点是：(1) 可以将各项业务活动的职责分工、授权批准和复核验证等项控制措施与功能完整地显示出来，并且形象直观，能够突出现有的控制点，有助于审计人员全面了解内部控制系统的运行情况，及时识别系统中的不足之处；(2) 便于随时根据业务控制程序的变化对流程图作出修改。缺点是：(1) 由于缺少文字说明，较复杂的业务不易理解；(2) 绘制流程图需要一定得技术，尤其是较复杂的业务，绘制难度更大。

第四节　评估重大错报风险

一、重大错报风险的评估

评估重大错报风险是风险评估的最后一个步骤，获取的关于风险因素和抵消控制风险的信息将全部用于对财务报表层次以及各类交易、账户余额和披露认定层次评估重大错报风险。评估将作为确定进一步审计程序的性质、范围和时间的基础，以应对识别的风险。评估重大错报风险时应该考虑一些风险因素，主要包括已识别的风险、错报发生的规模及发生的可能性。

（一）评估重大错报风险的审计程序

第一，在了解被审计单位及其环境的整个过程中，结合对财务报表中各类交易、账户余额和披露的考虑，识别风险。例如被审单位因相关环境法规的实施需要更新设备，可能面临原有设备闲置或贬值的风险；竞争者开发的新产品上市，可能导致被审单位的主要产品在短期内过时，预示将出现存货跌价和长期资产的减值。第二，结合对拟测试的相关控制的考虑，将识别出的风险与认定层次发生的可能错报的领域相联系。如销售困难使产品的市场价格下降，可能导致年末存货成本高于其可变现净值而需要计提存货跌价准备，这显示出存货的计价认定可能发生错报。第三，评估识别出的风险，并评价其是否更广泛地与财务报表整体相关，进而潜在地影响多项认定。第四，考虑发生错报的可能性，以及潜在错报的重大程度是否足以导致重大错报。

（二）识别两个层次的重大错报风险

在对重大错报风险进行识别和评估后，应当确定识别的重大错报风险是与特定的某类交易、账户余额和披露的认定相关还是与财务报表整体广泛相关。某些重大错报风险可能与特定的交易账户余额和披露的认定相关。如被审单位存在重大的关联方交易，该事项表明关联方及关联方交易的披露认定可能存在重大错报。某些重大错报风险可能与财务报表整体广泛相关，进而影响多项认定。如管理层缺乏诚信或承受异常的压力可能引发舞弊风险，这是与报表整体相关的。

（三）需要特别考虑的重大错报风险

特别风险是指注册会计师识别和评估的、根据判断认为需要特别考虑的重大错报风险。特别风险通常与重大的非常规交易和判断事项相关。非常规交易是指由于金额或性质异常而不经常发生的交易，如企业并购、债务重组等。判断事项通常包括做出的会计估计，如资产减值准备金额的估计、需要运用复杂估值技术确定的公允价值计量等。

◎ 知识小结

本章主要介绍审计工作中的风险评估知识，在注册会计师审计中，风险评估工作是为了更有效地应对财务报表中的重大错报风险，要以风险导向为审计理念识别、评估重大错报风险，为应对风险打下基础。首先介绍了风险评估的定义、目的要求和评估程序。在审计的所有阶段都要试试风险评估程序，并且要将识别的风险与认定层次可能发生的错报相联系，把识别和评估的风险与实施的审计程序挂钩，在设计和实施进一步审计程序时，应当将审计程序的性质、时间和范围与风险相联系，无论重大错报风险的结论如何，注册会计师均应当针对重大的各类交易、账户余额、列报和披露实施实质性程序；风险评估程序包括：询问、分析程序、观察和检查；接着介绍了了解行业状况、法律环境与监管环境以及其他外部因素。然后介绍了内部控制的要素、内部控制的局限性、内部控制的程序、如何评价内部控制、记录内部控制的方式等。

◎ 课后练习

一、简答题

1. 简述内部控制的要素。
2. 内部控制有哪些局限性？
3. 内部控制可以运用哪些程序？
4. 简述风险评估程序。
5. 如何了解被审计单位及其环境的内容？
6. 如何识别和评估重大错报风险？

二、单项选择题

1. 评价对被审计单位及其环境了解的程度是否恰当，关键是看注册会计师对被审计单位及其环境的了解(　　)。

A. 是否足以降低可接受的检查风险为低水平

B. 是否足以识别和评估财务报表的重大错报风险

C. 是否足以识别和评估财务报表的重要性水平

D. 是否足以得出审计风险的高低

2. 在了解被审计单位对会计政策的选择和运用是否适当时，注册会计师应当关注被审计单位重要项目的会计政策和行业惯例事项，重要的会计政策不包括(　　)。

A. 存货的计价方法

B. 应收账款计提坏账准备比例的估计

C. 长期股权投资的成本法和权益法

D. 借款费用是资本化还是费用化

3. 下列不属于注册会计师为了解被审单位及其环境所实施的风险评估程序的是(　　)。

A. 询问被审单位管理层和内部其他相关人员

B. 函证

C. 分析程序

D. 观察和检查

4. 注册会计师在了解被审计单位及其环境时，应当了解被审计单位的组织结构。以下内容中最有助于注册会计师了解被审计单位组织结构的是(　　)。

A. 研究与开发活动及其支出　　B. 通货膨胀水平及币值变动

C. 利率和资金供求情况　　D. 财务报表合并和长期股权投资核算

5. 注册会计师不能从下列(　　)方面了解人工控制产生的特定风险。

A. 人工控制可能更容易被规避、忽视或凌驾

B. 人工控制可能不具有一贯性

C. 人工控制可能更容易产生简单错误或失误

D. 存在大量或重复发生的交易

6. 固定资产和累计折旧审计工作底稿显示以下审计策略，其中正确的是(　　)。

A. 由于上年度相关内部控制难以信赖，本次审计还需要实施控制测试

B. 由于上年度审计中已全面观察固定资产，本次审计应以观察新增固定资产为主

C. 由于上年度审计中已索取全部固定资产权属证明，本次审计仅索取新增固定资产权属证明

D. 由于上年度审计中已全面检查固定资产折旧年限，本次审计仅检查新增固定资产折旧年限

7. 注册会计师应当了解被审计单位所处的法律与监管环境，为此，应当了解下列内容(　　)。

A. 与生产产品或提供劳务相关的市场信息

B. 与被审计单位所处行业和所从事经营活动相关的环保要求

C. 生产设施、仓库的地理位置及办公地点

D. 主营业务的性质

8. 在编制审计计划时，应当了解被审单位的内部控制。了解内部控制时，不应实施的程序是(　　)。

A. 询问被审单位的有关人员，并查阅相关内部控制文件

B. 检查内部控制生成的文件和记录

C. 选择若干具有代表性的交易和事项进行穿行测试

D. 重新执行被审单位的内部控制

9. 注册会计师在执行财务报表审计业务时，应当重视被审计单位对衍生金融工具的运用。为此，最好在其了解被审计单位的性质时，结合(　　)方面加以了解。

A. 经营活动　　B. 投资活动

C. 筹资活动　　D. 组织结构

10. 下列不属于了解被审计单位的内部控制的因素是(　　)。

A. 控制环境、风险评估过程

B. 与财务报告相关的信息系统和沟通

C. 会计系统、控制程序

D. 控制活动、对控制的监督

11. 注册会计师通常实施下列风险评估程序，以获取有关控制设计和执行的审计证据。但下列(　　)程序注册会计师应当将其与其他风险评估程序结合使用。

A. 询问被审计单位的人员

B. 观察特定控制的运行

C. 检查文件和报告

D. 追踪交易在财务报告信息系统中的处理过程（穿行测试）

12. 注册会计师王X在了解广厦公司内部控制中的人工控制部分时，发现广厦公司人工控制的内容主要包括下列几个方面。其中，王X最可能认为由人工控制的方面不适当的是(　　)。

A. 难以定义、防范或预见的错误

B. 为应对情况的变化，需要对现有的自动化控制进行调整

C. 监督自动化控制的有效性

D. 对被审单位政策和程序执行情况的监督

13. 由于下列(　　)特征，与重大判断事项相关的特别风险可能导致更高的重大错报风险。

A. 管理层更多地介入会计处理

B. 数据收集和处理涉及更多的人工成分

C. 所要求的判断可能是主观和复杂的

D. 复杂的计算或会计核算方法

14. 如果识别出被审计单位未加控制或控制不当的重大错报风险，注册会计师应当就此内部控制缺陷与(　　)进行沟通。

A. 管理层　　　　B. 治理层

C. 适当的管理层或治理层　　　　D. 监管机构

三、多项选择题

1. 按照《中国注册会计师审计准则第1211号——了解被审计单位及其环境并评估重大错报风险》的规定，注册会计师对重大错报风险进行识别和评估的审计程序包括(　　)。

A. 在了解被审计单位及其环境过程中识别风险，并考虑各类交易、账户余额、列报

B. 将识别的风险与认定层次可能发生错报的领域相联系

C. 考虑识别的风险是否重大

D. 考虑识别的风险导致财务报表发生重大错报的可能性

2. 注册会计师通过了解被审计单位及其环境，可以为下列( )关键环节的职业判断提供重要基础。

A. 评价所获取审计证据的充分性和适当性

B. 评价被审计单位内部控制设计的合理性和执行的有效性

C. 确定财务报表中各重要项目的审计结论和最终发表的意见类型

D. 考虑会计政策的选择和运用是否恰当，以及财务报表列报是否适当

3. 注册会计师应当从下列( )方面了解被审计单位及其环境。

A. 行业状况、法律环境与监管环境以及其他外部因素

B. 被审计单位对会计政策的变更

C. 被审计单位的目标、战略、经营风险和对财务业绩的衡量和评价

D. 被审计单位的性质、被审计单位的内部控制

4. 注册会计师李明在审计大华公司 2016 年度财务报表时，为了解大华公司及其环境应当实施的风险评估程序包括( )。

A. 分析程序

B. 询问被审计单位内部审计人员、采购人员、审查人员、销售人员等其他人员

C. 函证

D. 观察和检查

5. 内部控制的人工成分在处理下列( )的情形时可能更为适当。

A. 存在大额、异常或偶发的交易

B. 存在难以定义、防范或预见的错误

C. 为应对情况的变化，需要对现有的自动化控制进行调整

D. 监督自动化控制的有效性

6. 注册会计师了解被审计单位的性质，包括了对被审计单位投资活动的了解，为此应当了解投资活动的内容有( )。

A. 劳动用工情况以及与生产产品或提供劳务相关的市场信息

B. 被审计单位并购了一个新的业务部门

C. 获得的信贷额度是否可以满足营运需要

D. 被审单位用固定资产对外进行投资

7. 下列属于注册会计师了解被审单位财务业绩的衡量和评价的有( )。

A. 预测、预算和差异分析

B. 分部信息与不同层次部门的业绩报告

C. 被审单位的治理结构和组织结构

D. 与竞争对手的业绩比较

8. 内部控制存在固有局限性，无论如何设计和执行，只能对财务报告的可靠性提供合理的保证。内部控制存在的固有局限性包括(　　)。

A. 在决策时出现人为判断和执行出现的人为失误

B. 管理人员之间的串通

C. 管理层凌驾于内部控制之上

D. 大量重复发生的业务导致控制的枯燥和单调性

9. 控制活动是有助于确保管理层的指令得以执行的政策和程序，通常包括的相关活动有(　　)。

A. 授权、职责分离　　B. 业绩评价

C. 信息处理　　D. 实物控制

第八章　风险应对

任务目标

1. 熟悉识别和评估重大错报风险；
2. 掌握针对财务报表层次重大错报风险的总体应对措施；
3. 掌握针对认定层次重大错报风险的进一步审计程序；
4. 理解控制测试的含义、性质；
5. 理解实质性程序的含义、性质、范围。

【情景案例】

2007 年 12 月造假上市的绿大地，犹如披上了“皇帝的新装”。直到 2011 年 3 月，它才结束了这场长达 3 年的闹剧。闹剧的背后，又是一个继银广厦、中科创业、东方电子、蓝天股份等又一个财务造假经典案例。

在绿大地的财务造假中，亿元级差错达 12 项。上市公司包装上市的财务手法一般有以下几种，主要目的是虚增资产、收入和利润，虚减负债、费用。绿大地财报披露 2006 年总负债为 1.04 亿元，实际负债则为 1.9 亿元；2006 年披露销售收入 1.91 亿元，实际销售收入为 1.51 亿元；2005 年净利润 3723.64 万元，实际净利润不足该数据的 90%。

另一处固定资产“马鸣基地”围墙的固定资产价值为 686.9 万元，其招股说明书上显示的该基地 4 块地（原为荒山）共 3500 亩，如果其围墙只围地块的周长，折算下来，其每米围墙的价格高达 1268.86 元。此外，马鸣基地的三口深水井也造假惊人，计入固定资产 216.83 万元，每口深井价值 72.27 万元。而该招股说明书上的另一口深井，金殿基地深水井却只值 8.13 万元，价格相差近 10 倍。

我国《证券法》第五十条对股份有限公司申请股票上市的法定条件作了直接的规定，这些条件包括：1. 股票经国务院证券监督管理机构核准已公开发行；2. 公司股本总额不少于人民币 3000 万元；3. 公开发行的股份达到公司股份总数的 25%以上；公司股本总额超过 4 亿元的，公开发行股份的比例为 10%以上；4. 公司最近 3 年无重大违法行为，财务会计报告无虚假记载。而绿大地为达到上市目的，一度有一二十枚假公章用来伪造上市材料，上市前 3 年的财务数据中还有多项存在虚假问题。

IPO（首次公开募股）财务规划与包装有两个重要规划，一是会计政策的规划，二是税收与政府补贴规划。从税收政策上来分析，农业产业化国家龙头企业可以按照《财政部、国税总局关于国有农业企事业单位征收所得税问题的通知》予以认定。不过，云南省 2003 年下发的《关于加快非公经济发展的若干意见》中则表示，农业产业化省级重点龙头企业可以比照国税总局上述文件规定，暂免征收企业所得税。绿大地作为该项税收优惠政策的对象，本无可厚非。然而，从行业特点上分析，绿大地是以绿色农业为主的高风险行业，苗木等生物资产很易受到自然灾害、病虫害、植物疫病侵袭或市场需求变化的影响。

从会计政策的谨慎性原则出发，绿大地应当按照《企业会计准则第 1 号——存货》规定，在每期末终了对苗木等生物资产进行核实，按照可收回金额计提存货减值准备，借记“资产减值损失”科目，贷记“存货跌价准备”科目。计提存货减值准备，虽然可以降低存货风险，但是增加了成本费用，从而降低了公司利润，对于正在筹划上市的绿大地而言，无疑是雪上加霜。

因此，绿大地宁愿对存货风险弃之不顾，也要抓住每一根上市的救命“稻草”——正是通过享受了免征所得税的政策，绿大地才在 2005 年实现了预计的增长，而在招股书申报稿中只字未提存货减值这一重要的风险。

上市仅仅 3 年多，绿大地就已经更换了三任财务总监，并三次更换审计机构，且每次都是在年报披露前夕。玄机就在如何编报年报上存在分歧。上市公司、承销商和保荐代表人为从资本市场攫取大量资金，在上市公司年报等方面进行盈余操纵。要根治上市公司财务造假的“毒瘤”，迫切需要加强注册会计师审计监督，完善相关法制建设，建立政府监管机制。

资料来源：《揭开“绿大地”财务造假术》，《中国会计报》，2011-5-20.

◎思考问题：

面对绿大地公司的财务造假行为，作为注册会计师如何进行风险应对？

《中国注册会计师审计准则》要求注册会计师在审计过程中贯彻风险导向审计的理念，紧紧围绕重大错报风险的识别、评估和应对，计划和实施审计工作。注册会计师应当针对评估的重大错报风险实施应对程序，针对评估的财务报表层次重大错报风险确定总体措施，并针对评估的认定层次重大错报风险审计和实施进一步审计程序，将审计风险降低至可接受水平。

第一节 针对重大错报风险的应对措施和审计程序

一、财务报表层次重大错报风险与总体应对措施

在财务报表重大错报风险的评估过程中，注册会计师应当确定，识别的重大错报风险是与特定的某类交易、账户余额和披露的认定相关，还是与财务报表整体广泛相关，进而影响多项认定。如果是后者，则属于财务报表层次的重大错报风险。

注册会计师应当针对评估的财务报表层次重大错报风险确定下列总体应对措施：

1. 向项目组强调保持职业怀疑的必要性。

2. 指派更有经验或具有特殊技能的审计人员，或利用专家的工作。由于各行业在经营业务、经营风险、财务报告、法规要求等方面具有特殊性，审计人员的专业分工细化成为一种趋势。审计项目组成员中应有一定比例的人员曾经参与过被审计单位以前年度的审计，或具有被审计单位所处特定行业的相关审计经验。必要时，要考虑利用信息技术、税务、评估、精算等方面的专家的工作。提供更多的督导。对于财务报表层次重大错报风险较高的审计项目，审计项目组的高级别成员，如项目合伙人、项目经理等经验较丰富的人员，要对其他成员提供更详细、更经常、更及时的指导和监督并加强项目质量复核。

3. 在选择拟实施的进一步审计程序时融入更多的不可预见的因素。被审计单位人员，尤其是管理层，如果熟悉注册会计师的审计套路，就可能采取种种规避手段，掩盖财务报告中的舞弊行为。因此，在设计拟实施审计程序的性质、时间安排和范围时，为了避免既定思维对审计方案的限制，避免对审计效果的人为干涉，从而使得针对重大错报风险的进一步审计程序更加有效，注册会计师要考虑使某些程序不被被审计单位管理层预见或事先了解。

4. 在实务中，注册会计师可以通过以下方式提高审计程序的不可预见性：（1）对某些未测试过的低于设定的重要性水平或风险较小的账户余额和认定实施实质性程序；（2）调整实施审计程序的时间，使被审计单位不可预期；（3）采取不同的审计抽样方法，使当期抽取的测试样本与以前有所不同；（4）选取不同的地点实施审计程序，或预先不告知被审计单位所选定的测试地点。

5. 对拟实施审计程序的性质、时间安排或范围作出总体修改。财务报表层次

的重大错报风险很可能源于薄弱的控制环境。薄弱的控制环境带来的风险可能对财务报表产生广泛影响，难以限于某类交易、账户余额和披露，注册会计师应当采取总体应对措施。相应地，注册会计师对控制环境的了解也影响其对财务报表层次重大错报风险的评估。有效地控制环境可以使注册会计师增强对内部控制和被审计单位内部产生的证据的信赖程度。如果控制环境存在缺陷，注册会计师在对拟实施审计程序的性质、时间安排和范围作出总体修改时应当考虑：

（1）在期末而非期中实施更多的审计程序。控制环境的缺陷通常会削弱期中获得的审计证据的可信赖程度。

（2）通过实施实质性程序获取更广泛的审计证据。良好的控制环境是其他控制要素发挥作用的基础。控制环境存在缺陷通常会削弱其他控制要素的作用，导致注册会计师可能无法信赖内部控制，而主要依赖实施实质性程序获取审计证据。

（3）改变审计程序的性质，以获取更为令人信服的审计证据。比如在检查一个酒类销售公司的某一款商品时，不仅仅限于检查其在账面上的记载和相关文件记录，而是应该实地检查该项商品。

（4）增加拟纳入审计范围的经营地点的数量。扩大审计程序的范围，扩大规模样本，采用更详尽的数据实施分析程序。

二、增加审计程序不可预见性的方法

（一）增加审计程序不可预见性的思路

1. 对某些以前未测试的低于设定的重要性水平或风险较小的账户余额和认定实施的实质性程序，注册会计师可以关注以前未曾关注过的审计领域，尽管这些领域可能重要程度比较低。如果这些领域有可能被用于掩盖舞弊行为，注册会计师就要针对这些领域实施一些具有不可预见性的测试。

2. 调整实施审计程序的时间，使其超出被审计单位的预期。比如说，如果注册会计师在以往各年度的大多数审计工作都在 12 月或在年底前后进行，那么被审计单位就会了解注册会计师这一审计习惯，由此可能会把一些不适当的会计调整放在一年中的 9 月、10 月或 11 月等，以避免引起注册会计师的注意。因此，注册会计师可以考虑调整实施审计程序时测试项目的时间，从测试 12 月的项目调整到测试 9 月、10 月或 11 月的项目。

3. 采取不同的审计抽样方法，使当年抽取的测试样本与以前有所不同。

4. 选取不同的地点实施审计程序，或预先不告知被审计单位所选定的测试地点。例如在存货监盘程序中，注册会计师可以到未事先通知被审计单位的盘点现场进行监盘，使被审计单位没有机会事先安排，隐藏不想让注册会计师知道的情况。

（二）增加审计程序不可预见性的实施要点

1. 注册会计师需要与被审计单位的高层管理人员事先沟通，要求实施具有不可预见性的审计程序，但不能告知其具体内容。注册会计师可以在签订审计业务约定书时明确提出这一要求。

2. 虽然对于不可预见性程度没有量化的规定，但审计项目组可根据对舞弊风险的评估等确定具有不可预见性的审计程序。审计项目组可以汇总那些具有不可预见性的审计程序，并记录在审计工作底稿中。

3. 项目合伙人需要安排项目组成员有效地实施具有不可预见性的审计程序，但同时要避免使项目组成员处于困难境地。

三、总体应对措施对拟实施进一步审计程序的总体审计方案的影响

财务报表层次重大错报风险难以限于某类交易、账户余额和披露的特点，意味着此类风险可能对财务报表的多项认定产生广泛影响，并相应增加注册会计师对认定层次重大错报风险的评估难度。因此，注册会计师评估的财务报表层次重大错报风险以及采取的总体应对措施，对拟实施进一步审计程序的总体审计方案具有重大影响。

拟实施进一步审计程序的总体审计方案包括实质性方案和综合性方案。其中，实质性方案是指注册会计师实施的进一步审计程序以实质性程序为主；综合性方案是指注册会计师在实施进一步审计程序时，将控制测试与实质性程序结合使用。当评估的财务报表层次重大错报风险属于高风险水平（并相应采取更强调审计程序不可预见性以及重视调整审计程序的性质、时间安排和范围等总体应对措施）时，拟实施进一步审计程序的总体方案往往更倾向于实质性方案。

第二节 针对认定层次重大错报风险的进一步审计程序

一、进一步审计程序的含义

进一步审计程序相对于风险评估程序而言，是指注册会计师针对评估的各类交易、账户余额和披露认定层次重大错报风险实施的审计程序，包括控制测试和实质性程序。

注册会计师应当针对评估的认定层次重大错报风险设计和实施进一步审计程序，包括审计程序的性质、时间安排和范围。注册会计师设计和实施的进一步审计程序的性质、时间安排和范围，应当与评估的认定层次重大错报风险具备明确的对应关系。注册会计师实施的审计程序应具有目的性和针对性，有的放矢地配置审计

资源，有利于提高审计效率和效果。

需要说明的是，尽管在应对评估的认定层次重大错报风险时，拟实施的进一步审计程序的性质、时间安排和范围都应当确保其具有针对性，但其中进一步审计程序的性质是最重要的。例如，注册会计师评估的重大错报风险越高，实施进一步审计程序的范围通常越大，但是只有首先确保进一步审计程序的性质与特定风险相关时，扩大审计程序的范围才是有效的。

二、进一步审计程序的性质

进一步审计程序的性质是指进一步审计程序的目的和类型。其中，进一步审计程序的目的包括通过实施控制测试以确定内部控制运行的有效性，通过实施实质性程序以发现认定层次的重大错报；进一步审计程序的类型包括检查、观察、询问、函证、重新计算、重新执行和分析程序。

如前所述，在应对评估的风险时，合理确定审计程序的性质是最重要的。这是因为不同的审计程序应对特定认定错报风险的效力不同。例如，对于与收入完整性认定相关的重大错报风险，控制测试通常更能有效应对；对于与收入发生认定相关的重大错报风险，实质性程序通常更能有效应对。再如，实施应收账款的函证程序可以为应收账款在某一时点存在的认定提供审计证据，但通常不能为应收账款的计价认定提供审计证据。对应收账款的计价认定，注册会计师通常需要实施其他更为有效的审计程序，如审查应收账款账龄和期后收款情况，了解欠款客户的信用情况等。

三、进一步审计程序的时间

（一）进一步审计程序的时间的含义

进一步审计程序的时间是指注册会计师实施进一步审计程序的时间，或审计证据适用的期间或时点。因此，当提及进一步审计程序的时间时，在某些情况下指的是审计程序的实施时间，在另一些情况下是指需要获取的审计证据适用的期间或时点。

（二）进一步审计程序的时间的选择

有关进一步审计程序的时间的选择问题：第一个层面是注册会计师选择在何时实施进一步审计程序的问题；第二个层面是选择获取什么期间或时点的审计证据的问题。第一个层面的选择问题主要集中在如何权衡期中与期末实施审计程序的关系；第二个层面的选择问题分别集中在如何权衡期中审计证据与期末审计证据的关系、如何权衡以前审计获取的审计证据与本期审计获取的审计证据的关系。这两个层面的最终落脚点都是如何确保获取审计证据的效率和效果。

注册会计师可以在期中或期末实施控制测试或实质性程序。这就引出了注册会计师应当如何选择实施审计程序的时间的问题。一项基本的考虑因素应当是注册会计师评估的重大错报风险，当重大错报风险较高时，注册会计师应当考虑在期末或接近期末实施实质性程序，或采用不通知的方式，或在管理层不能预见的时间实施审计程序。虽然在期末实施审计程序在很多情况下非常必要，但仍然不排除注册会计师在期中实施审计程序可能发挥积极作用。在期中实施进一步审计程序，可能有助于注册会计师在审计工作初期识别重大事项，并在管理层的协助下及时解决这些事项；或针对这些事项制定有效的实质性方案或综合性方案。

当然，在期中实施进一步审计程序也存在很大的局限。首先，注册会计师往往难以仅凭在期中实施的进一步审计程序获取有关期中以前的充分、适当的审计证据（例如，某些期中以前发生的交易或事项在期中审计结束时尚未完结）；其次，即使注册会计师在期中实施的进一步审计程序能够获取有关期中以前的充分、适当的审计证据，但从期中到期末这段剩余期间还往往会发生重大的交易或事项（包括期中以前发生的交易、事项的延续，以及期中以后发生的的交易、事项），从而对所审计期间的财务报表认定产生重大影响；最后，被审计单位管理层也完全有可能在注册会计师于期中实施了进一步审计程序之后对期中以前的相关会计记录作出调整甚至篡改，注册会计师在期中实施了进一步审计程序所获取的审计证据已经发生了变化。为此，如果在期中实施了进一步审计程序，注册会计师还应当针对剩余期间获取审计证据。

四、进一步审计程序的范围

（一）进一步审计程序的范围的含义

进一步审计程序的范围是指实施进一步审计程序的数量，包括抽取的样本量、对某项控制活动的观察次数等。

（二）确定进一步审计程序的范围时考虑的因素

在确定进一步审计程序的范围时，注册会计师应当考虑下列因素：

1. 确定的重要性水平。确定的重要性水平越低，注册会计师实施进一步审计程序的范围越广。

2. 评估的重大错报风险。评估的重大错报风险越高，对拟获取审计证据的相关性、可靠性的要求越高，因此，注册会计师实施的进一步审计程序的范围也越广。

3. 计划获取的保证程度。计划获取的保证程度，是指注册会计师计划通过所实施的审计程序对测试结果可靠性所获取的信心。计划获取的保证程度越高，对测试结果可靠性要求越高，注册会计师实施的进一步审计程序的范围越广。例如，注册会计师对财务报表是否存在重大错报的信心可能来自控制测试和实质性程序。如果注册会计师计划从控制测试中获取更高的保证程度，则控制测范围就更广。

需要说明的是，随着重大错报风险的增加，注册会计师应当考虑扩大审计程序的范围。但是，只有当审计程序本身与特定风险相关时，扩大审计程序的范围才是有效的。在考虑确定进一步审计程序的范围时，使用计算机辅助审计技术具有积极的作用。注册会计师可以使用计算机辅助审计技术对电子化的交易和账户文档进行更广泛的测试，包括从主要电子文档中选取交易样本，或按照某一特征对交易进行分类，或对总体而非样本进行测试。鉴于进一步审计程序的范围往往是通过一定的抽样方法加以确定的，因此，注册会计师需要慎重考虑抽样过程对审计程序范围的影响是否能够有效实现审计目的。注册会计师使用恰当的抽样方法通常可以得出有效结论。但如果存在下列情形，注册会计师依据样本得出的结论可能与对总体实施同样的审计程序得出的结论不同，出现不可接受的风险：

（1）从总体中选择的样本量过小；

（2）选择的抽样方法对实现特定目标不适当；

（3）未对发现的例外事项进行恰当的追查。

此外，注册会计师在综合运用不同审计程序时，除了面临各类审计程序的性质选择问题外，还面临如何权衡各类程序的范围问题。因此，注册会计师在综合运用不同审计程序时，不仅应当考虑各类审计程序的性质，还应当考虑测试的范围是否适当。

第三节　控制测试和实质性程序

一、控制测试

（一）控制测试的定义

控制测试是指用于评价内部控制在防止或发现并纠正认定层次重大错报方面的运行有效性的审计程序。注册会计师在了解被审计单位的内部控制之后，只有对那些准备依赖的内部控制执行控制测试，并确信其得到正确的执行时，才能减少实质性测试审计程序，从而减少审计取证工作，提高审计工作的效率。

（二）控制测试的要求

作为进一步审计程序类型之一，控制测试并非在任何情况中都需要实施。当存在下列情形其中之一时，注册会计师就应当实施控制测试：（1）在评估认定层次重大错报风险时，预期控制运行是有效的；（2）仅仅实施实质性程序不足以提供认定层次充分、适当的审计证据。

如果在评估认定层次重大错报风险时预期控制的运行是有效的，注册会计师应当实施控制测试，就控制在相关期间或时点的运行有效性获取充分、适当的审计证据。注册会计师通过实施风险评估程序，可能发现某项控制的设计是存在的，也是合理的，同时得到了执行。在这种情况下，出于成本效益的考虑，注册会计师可能预期，如果相关控制在不同时点都得到了一贯执行，与该项控制有关的财务报表认定发生重大错报的可能性就不会很大，也就不需要实施很多的实质性程序。为此，注册会计师可能会认为值得对相关控制在不同时点是否得到一贯执行进行测试，就是实施控制测试。这一种测试主要是出于成本效益的考虑，其前提为注册会计师通过了解内部控制以后认为某项控制存在着被信赖和利用的可能。因此，只有认为控制设计是合理的、能够防止或者发现和纠正认定层次的重大错报，注册会计师才有必要对控制运行有效性实施测试。

假如认为仅实施实质性程序获取的审计证据无法将认定层次重大错报风险降至可接受的低水平，注册会计师就应当实施相关控制测试，以取得控制运行有效性的审计证据。

（三）控制测试的类型

虽然控制测试与了解内部控制的目的不同，但两者采用审计程序的类型通常相同，包括询问、观察、检查和穿行测试。此外，控制测试的程序还包括重新执行。

1. 询问。注册会计师可以向被审计单位适当询问，获取与内部控制运行情况相关的信息。例如，询问信息系统管理人员有无未经授权接触计算机硬件和软件，向负责复核银行存款余额调节表的人员询问如何进行复核，包括复核的要点是什么，若发现不符应当如何处理等。然而，仅仅通过询问不能为控制运行的有效性提供充分的证据，注册会计师通常需要印证被询问者的答复，如向其他人员询问和检查执行控制时所使用的报告、手册或其他文件等。因此，虽然询问是一种有用的手段，它必须和其他测试手段结合使用才能发挥作用。在询问过程中，注册会计师应当保持职业怀疑态度。

2. 观察。观察是测试内部控制（如职责分离）的运行情况的有效方法。例如，观察存货盘点控制的执行情况。观察也可运用于实物控制，如查看仓库门是否锁好，或空白支票是否妥善保管。通常情况下，注册会计师通过观察直接获取的证据比间接获取的证据更可靠。但是，注册会计师还要考虑其所观察到的控制在注册会计师不在场时可能未被执行的情况。

3. 检查。对运行情况留有书面证据的控制，检查非常适用。书面说明、复核时留下的记号，或其他记录在偏差报告中的标志都可以被当作控制运行情况的证据。例如，检查销售发票是否有复核人员签字，检查销售发票是否附有客户订购单和出库单等。

4. 重新执行。通常只有当询问、观察和检查程序结合在一起仍无法获得充分的证据时，注册会计师才考虑通过重新执行来证实控制是否有效运行。例如，为了合理保证计价认定的准确性被审计单位的项控制是由复核人员核对销售发票上的价格与统一价格单上的价格是否一致。但是，要检查复核人员有没有认真执行核对。仅仅检查复核人员是否在相关文件上签字是不够的，注册会计师还需要自己选取一部分销售发票进行核对，这就是重新执行程序。但是，如果需要进行大量的重新执行，注册会计师就要考虑通过实施控制测试以缩小实质性程序的范围是否有效率。

5. 穿行测试。除了上述四类控制测试常用的审计程序以外，实施穿行测试也是一种重要的审计程序。值得注意的是，穿行测试不是单独的一种程序，而是将多种程序按特定审计需要进行结合运用的方法。穿行测试是通过追踪交易在财务报告信息系统中的处理过程。来证实注册会计师对控制的了解、评价控制设计的有效性以及确定控制是否得到执行。可见，穿行测试更多地在了解内部控制时运用。但在执行穿行测试时，注册会计师可能获取部分控制运行有效性的审计证据。

询问本身并不足以测试控制运行的有效性，注册会计师应当将询问与其他审计程序结合使用，以获取有关控制运行有效性的审计证据。观察提供的证据仅限于观察发生的时点，本身也不足以测试控制运行的有效性；将询问与检查或重新执行结合使用，通常能够比仅实施询问和观察获取更高的保证。例如，被审计单位针对处理收到的邮政汇款单设计和执行了相关的内部控制，注册会计师通过询问和观察程序往往不足以测试此类控制的运行有效性，还需要检查能够证明此类控制在所审计期间的其他时段有效运行的文件和凭证，以获取充分、适当的审计证据。

（四）控制测试的时间

如前所述，控制测试的时间包含两层含义：一是何时实施控制测试；二是测试所针对的控制适用的时点或期间。一个基本的原理是，如果测试特定时点的控制，注册会计师仅得到该时点控制运行有效性的审计证据；如果测试某一期间的控制，注册会计师可获取控制在该期间有效运行的审计证据。因此，注册会计师应当根据控制测试的目的确定控制测试的时间，并确定拟信赖的相关控制的时点或期间。

（五）控制测试的范围

注册会计师在确定某项控制的测试范围时通常考虑以下一系列因素：

1. 在整个拟信赖的期间，被审计单位执行控制的频率。控制执行的频率越高、控制测试的范围越大。

2. 在审计期间，注册会计师拟信赖控制运行有效性的时间长度。拟信赖控制运行有效性的时间长度不同，在该时间长度内发生的控制活动次数也不同。注册会计师需要根据拟信赖控制的时间长度确定控制测试的范围。拟信赖期间越长，控制测试的范围越大。

3. 为证实控制可以防止或发现并纠正认定层次重大错报，所需获取审计证据的相关性与可靠性。对审计证据的相关性及可靠性要求越高，控制测试范围越大。

4. 通过测试和认定相关的其他控制获取的审计证据的范围。针对同一认定，可能存在不同控制。当针对其他控制获取审计证据的充分性与适当性较高时，测试该控制的范围可适当缩小。

5. 在风险评估的时候拟信赖控制运行有效性的程度。注册会计师在风险评估时对控制运行有效性拟信赖程度越高，需要实施控制测试范围越大。

6. 控制的预期偏差。预期偏差可以用控制未得到执行的预期次数占控制应当得到执行次数的比率加以衡量（也可称作预期偏差率）。考虑该因素，是因为在考虑测试结果是否可以得出控制运行有效性的结论时，不可能只要出现任何控制执行偏差就认定控制运行无效，所以需要确定一个合理水平预期偏差率。控制预期偏差率越高，需要实施控制测试范围越大。如果控制预期偏差率过高，注册会计师应当考虑控制可能不足以将认定层次的重大错报风险降至可接受低水平，从而针对某一认定实施控制测试可能是无效的。

二、实质性程序

（一）实质性程序的定义

实质性程序是指用于发现认定层次重大错报的审计程序，包括对各类交易、账户余额和披露的细节测试以及实质性分析程序。因此，注册会计师应当针对评估的重大错报风险设计和实施实质性程序，以发现认定层次的重大错报。实质性程序包括对各类交易、账户余额、列报和披露的细节测试以及实质性分析程序。

（二）实质性程序的性质

1. 实质性程序的性质的含义。

实质性程序的性质，是指实质性程序的类型及其组合。前已述及，实质性程序的两种基本类型包括细节测试和实质性分析程序。

细节测试是对各类交易、账户余额、列报的具体细节进行测试，目的在于直接识别财务报表认定是否存在错报。

实质性分析程序从技术特征上仍然是分析程序，主要是通过研究数据间关系评价信息，只是将该技术方法用作实质性程序，即用以识别各类交易、账户余额、列报及相关认定是否存在错报。

2. 细节测试和实质性分析程序的适用性。

细节测试和实质性分析程序由于目的、技术手段存在一定差异，因此各自有不同的适用领域。注册会计师应当根据各类交易、账户余额、列报的性质选择实质性程序的类型。细节测试适用于对各类交易、账户余额、列报认定的测试，尤其是对存在或发生、计价认定的测试；对在一段时期内存在可预期关系的大量交易，注册会计师可以考虑实施实质性分析程序。

（三）实质性程序的时间选择

实质性程序的时间选择与控制测试的时间选择既有共同点，也有很大差异。共同点在于，两类程序都面临着对期中审计证据和对以前审计获取的审计证据的考虑。两者的差异在于：(1) 在控制测试中，期中实施控制测试并获取期中关于控制运行有效性审计证据的做法更具有一种"常态"；而由于实质性程序的目的在于更直接地发现重大错报，在期中实施实质性程序时更需要考虑其成本效益的权衡；(2) 在本期控制测试中拟信赖以前审计获取的有关控制运行有效性的审计证据，已经受到了很大的限制；而对于以前审计中通过实质性程序获取的审计证据，本准则采取了更加慎重的态度和更严格的限制。

1. 如何考虑是否在期中实施实质性程序。

如前所述，在期中实施实质性程序，一方面消耗了审计资源，另一方面期中实施实质性程序获取的审计证据又不能直接作为期末财务报表认定的审计证据，注册会计师仍然需要消耗进一步的审计资源使期中审计证据能够合理延伸至期末。于是这两部分审计资源的总和是否能够显著小于完全在期末实施实质性程序所需消耗的审计资源，是注册会计师需要权衡的。因此，注册会计师在期中实施实质性程序面临的问题（注册会计师在期中实施实质性程序，增加期末存在错报而未被发现的风险，并且该风险随着剩余期间的延长而增加）以后，注册会计师在衡量是否在期中实施实质性程序时应当考虑以下因素：

（1）控制环境和其他相关的控制。控制环境和其他相关的控制越薄弱，注册会计师越不宜在期中实施实质性程序。

（2）实施审计程序所需信息在期中之后的可获得性。如果实施实质性程序所需信息在期中之后可能难以获取（如系统变动导致某类交易记录难以获取），注册会计师应考虑在期中实施实质性程序；但如果实施实质性程序所需信息在期中之后的可获得性并不存在明显困难，该因素不应成为注册会计师在期中实施实质性程序的重要影响因素。

（3）实质性程序的目标。如果针对某项认定实施实质性程序的目标包括获取该认定的期中审计证据（从而与期末比较），注册会计师应在期中实施实质性程序。

(4) 评估的重大错报风险。注册会计师评估的某项认定的重大错报风险越高（如准则第六十五条提到的舞弊导致的重大错报风险），针对该认定所需获取的审计证据的相关性和可靠性要求也就越高，注册会计师越应当考虑将实质性程序集中于期末（或接近期末）实施。

(5) 各类交易或账户余额以及相关认定的性质。例如，某些交易或账户余额以及相关认定的特殊性质（如收入截止认定、未决诉讼）决定了注册会计师必须在期末（或接近期末）实施实质性程序。

(6) 针对剩余期间，能否通过实施实质性程序或将实质性程序与控制测试相结合，降低期末存在错报而未被发现的风险。如果针对剩余期间注册会计师可以通过实施实质性程序或将实质性程序与控制测试相结合，较有把握地降低期末存在错报而未被发现的风险（如注册会计师在10月实施预审时考虑是否使用一定的审计资源实施实质性程序，从而形成的剩余期间不是很长），注册会计师可以考虑在期中实施实质性程序；但如果针对剩余期间注册会计师认为还需要消耗大量审计资源才有可能降低期末存在错报而未被发现的风险，甚至没有把握通过适当的进一步审计程序降低期末存在错报而未被发现的风险（如被审计单位于8月发生管理层变更，注册会计师接受后任管理层邀请实施预审时，考虑是否使用一定的审计资源实施实质性程序），注册会计师就不宜在期中实施实质性程序。

2. 如何考虑期中审计证据。

如果在期中实施了实质性程序，注册会计师应当针对剩余期间实施进一步的实质性程序，或将实质性程序和控制测试结合使用，以将期中测试得出的结论合理延伸至期末。该规定指出了在如何将期中实施的实质性程序得出的结论合理延伸至期末时，注册会计师有两种选择：其一是针对剩余期间实施进一步的实质性程序；其二是将实质性程序和控制测试结合使用。

如果拟将期中测试得出的结论延伸至期末，注册会计师应当考虑在剩余期间仅实施实质性程序是否足够。如果认为实施实质性程序本身不充分，注册会计师还应测试剩余期间相关控制运行的有效性或针对期末实施实质性程序。

对于舞弊导致的重大错报风险（作为一类重要的特别风险），被审计单位存在故意错报或操纵的可能性，那么注册会计师更应慎重考虑能否将期中测试得出的结论延伸至期末。因此，如果已识别出由于舞弊导致的重大错报风险，为将期中得出的结论延伸至期末而实施的审计程序通常是无效的，注册会计师应当考虑在期末或者接近期末时实施实质性程序。

如果已在期中实施了实质性程序，或将控制测试与实质性程序相结合，并拟信赖期中测试得出的结论，注册会计师应当将期末信息和期中的可比信息进行比较、调节、识别和调查出现的异常金额，并针对剩余期间实施实质性分析程序或细节测试。在确定针对剩余期间拟实施的实质性程序时，注册会计师应当考虑是否已在期中实施控制测试，并考虑与财务报告相关的信息系统能否充分提供与期末账户余额及剩余期间交易有关的信息。在针对剩余期间实施实质性程序时，注册会计师应当重点关注并调查重大的异常交易或分录、重大波动以及各类交易或账户余额在构成上的重大或异常变动。如果拟针对剩余期间实施实质性分析程序，注册会计师应当考虑某类交易的期末累计发生额或账户期末余额在金额、相对重要性及构成方面能否被合理预期。

如果在期中检查出某类交易或账户余额存在错报，注册会计师应当考虑修改与该类交易或账户余额相关的风险评估以及针对剩余期间拟实施实质性程序的性质、时间和范围，或考虑在期末扩大实质性程序的范围或重新实施实质性程序。

3. 如何考虑以前审计获取的审计证据。

在以前审计中实施实质性程序所获取的审计证据，通常对本期只有很弱的证据效力或没有证据效力，不足以应对本期的重大错报风险。只有当以前获取的审计证据及其相关事项未发生重大变动时（例如以前审计通过实质性程序测试过的某项诉讼在本期没有任何实质性进展），以前获取的审计证据才可能用作本期的有效审计证据。但即便如此，如果拟利用以前审计中实施实质性程序获取的审计证据，注册会计师应当在本期实施审计程序，以确定这些审计证据是否具有持续相关性。

（四）实质性程序的范围

评估的认定层次重大错报风险和实施控制测试的结果是注册会计师在确定实质性程序的范围时的重要考虑因素。因此，在确定实质性程序的范围时，注册会计师应当考虑评估的认定层次重大错报风险和实施控制测试的结果。注册会计师评估的认定层次的重大错报风险越高，需要实施实质性程序的范围越广。如果对控制测试结果不满意，注册会计师应当考虑扩大实质性程序的范围。

在设计细节测试时，注册会计师除了从样本量的角度考虑测试范围外，还要考虑选样方法的有效性等因素。例如，从总体中选取大额或异常项目，而不是进行代表性抽样或分层抽样。

实质性分析程序的范围有两层含义。第一层含义是对什么层次上的数据进行分析，注册会计师可以选择在高度汇总的财务数据层次进行分析，也可以根据重大错报风险的性质和水平调整分析层次。例如，按照不同产品线、不同季节或月份、不同经营地点或存货存放地点等实施实质性分析程序。第二层含义是需要对什么幅度或性质的偏差展开进一步调查。实施分析程序可能发现偏差，但并非所有的偏差都值得展开进一步调查。可容忍或可接受的偏差（预期偏差）越大，作为实质性分析程序一部分的进一步调查的范围就越小。于是确定适当的预期偏差幅度同样属于实质性分析程序的范畴。因此，在设计实质性分析程序时，注册会计师应当确定已记录金额与预期值之间可接受的差异额。在确定该差异额时，注册会计师应当主要考虑各类交易、账户余额、列报及相关认定的重要性和计划的保证水平。

三、控制测试和实质性程序的相互作用

控制测试是测试被审计单位内部控制设计的合理性和执行的有效性。实质性程序包括细节测试和实质性分析程序，前者是直接查找各类交易、账户余额、列报的错报，后者是将分析程序应用于实质性程序，通过分析各财务信息之间以及财务信息与非财务信息之间的关系查到各类交易、账户余额、列报的错报。比如说 A 企业设计了有关货币资金的内部控制，其中有一项是对于企业超过 200 万元的资金支付采取集体决策，由三位经理一致同意并签字才能通过。某项交易支付了 400 万元，注册会计师检查相关凭证中是否包含了经理们的签字，可以测试该项内部控制，不过控制测试的对象必须留有轨迹。如果被审计单位仅仅设计了“观察、询问”这样的内部控制，是无法实施控制测试的。如果 A 企业 2007 年固定资产账面余额 4000 万元，注册会计师将固定资产项目重新计算核实其余额准确性。这样的做法就属于实质性程序。控制测试和实质性程序是风险应对里的核心知识，三言两语很难说完。在审计业务中，首先要对被审计单位的内部控制进行了解，如果认为被审计单位的内部控制是有效的，在审计过程中可以扩大对内部控制的测试以证明内部控制是有效的，这样可以减少实质性测试的范围（但不能取消），以降低审计成本。反之，如果认为内部控制不可信赖，就可以减少内部控制测试，扩大实质性测试，或者完全依赖实质性测试。

◎ **知识小结**

本章主要介绍了控制测试的含义、要求、性质、时间和范围；实质性程序的含义、性质、时间和范围，以及控制性测试和实质性测试的相互影响；另外，还介绍了识别和评估重大错报风险及采取的应对措施。

◎ **课后练习**

一、简答题

1. 注册会计师可以通过哪些方式提高审计程序的不可预见性？

2. 简述注册会计师在对拟实施审计程序的性质、时间安排和范围作出总体修改时应当考虑哪些方面？

3. 什么是进一步审计程序？

4. 确定进一步审计程序的范围时考虑的因素有哪些？

5. 简述控制测试和实质性程序的含义。

6. 简述控制测试和实质性程序的相互作用。

二、单项选择题

1. 以下说法不正确的是( )。
   A. 设计实施进一步审计程序的性质、时间和范围的依据是注册会计师识别的风险是否重大
   B. 财务报表层次的重大错报风险很可能源于薄弱的控制环境
   C. 如果多项控制活动能够实现同一目标，注册会计师不必了解与该目标相关的每项控制活动
   D. 被审计单位通常有一些与审计无关的控制，注册会计师无需对其加以考虑
2. 关于控制测试的性质，下列描述不正确的是( )。
   A. 将询问与检查或重新执行结合使用，通常能够比仅实施询问和观察获取更高的保证
   B. 观察提供的证据限于观察发生的时点，但其也可以测试控制运行的有效性
   C. 被审计单位针对处理收到的邮政汇款单设计和执行了相关的内部控制，注册会计师通过询问和观察程序往往不足以测试此类控制的运行有效性，还需要检查能够证明此类控制在所审计期间的其他时段有效运行的文件和凭证，以获取充分、适当的审计证据
   D. 询问本身无法获取控制有效运行的充分、适当的审计证据，需要与其他测试手段结合使用才能发挥作用
3. 注册会计师在确定进一步审计程序的时间时应当考虑的因素不包括( )。
   A. 审计意见的类型
   B. 控制环境
   C. 错报风险的性质
   D. 审计证据适用的期间或时点
4. 以下说法中不正确的是( )。
   A. 财务报表层次的重大错报风险很可能源于薄弱的控制环境
   B. 当控制环境存在缺陷，注册会计师通常会选择在期中实施更多的审计程序
   C. 采用不同的审计抽样方法，使当期抽取的测试样本与以前有所不同，可以提高审计程序的不可预见性
   D. 控制环境存在缺陷通常会削弱其他控制要素的作用，导致注册会计师可能无法信赖内部控制，而主要依赖实施实质性程序获取审计证据
5. 下列关于控制测试的表述中，不正确的是( )。
   A. 如果并不打算依赖内部控制，注册会计师就没有必要进一步了解业务流

程层面的控制

B. 如果不打算信赖内部控制，注册会计师就没有必要进行穿行测试

C. 针对特别风险，注册会计师应当了解和评估相关的控制活动

D. 如果认为仅通过实质性程序无法将认定层次的检查风险降至可接受的水平，注册会计师应当了解和评估相关的控制活动

6. 下列方式无助于提高审计程序不可预见性的是(　　)。

A. 对余额低于重要性水平的银行账户执行函证程序

B. 调整实施审计程序的时间，使被审计单位不可预期

C. 本期采用不同于上期的抽样方法，使当期选取的测试样本与以前有所不同

D. 预先不告知被审计单位选定的测试地点

三、多项选择题

1. 下列关于注册会计师风险应对的相关说法中，正确的有(　　)。

A. 对计划获取控制运行的保证程度越高，则需要实施的控制测试的范围越广

B. 如果评估的重大错报风险比较低，则可以不实施实质性程序

C. 针对评估的报表层次重大错报风险确定总体应对措施

D. 针对评估的财务报表层次重大错报风险设计和实施进一步审计程序

2. 在对与虚假销售有关的舞弊风险进行评估后，A 注册会计师决定增加审计程序的不可预见性。下列审计程序中，通常能够达到这一目的的有(　　)。

A. 以往通常是对收入总体进行分析，现决定对收入按细类进行分析

B. 对大额应收账款进行函证

C. 对销售交易的具体条款进行函证

D. 在监盘时对账面金额较小的存货实施检查程序

3. 下列关于控制测试的提法中，恰当的有(　　)。

A. 如果注册会计师预期内部控制的设计能够防止或发现并纠正财务报表认定层次的重大错报且已执行时，应对控制运行的有效性实施测试

B. 注册会计师应对被审计单位的所有内部控制测试其有效性

C. 如果被审计单位在所审期间内不同时期使用了不同的控制，注册会计师应当考虑不同时期控制运行的有效性

D. 注册会计师可以考虑在评价控制设计和获取其得到执行的审计证据的同时测试控制运行的有效性，以提高审计效率

4. 下列属于控制测试采用的审计程序的有(　　)。

A. 穿行测试

B. 重新计算

C. 询问和重新执行

D. 观察和检查

5. 下列属于注册会计师应当在审计中实施控制测试的情形有(　　)。

A. 在评估认定层次重大错报风险时，预期控制的运行是有效的（且执行控制测试符合成本效益原则)

B. 在评估认定层次重大错报风险时，预期控制的运行是无效的

C. 每次进行财务报表审计均需要执行控制测试

D. 仅实施实质性程序并不能够提供认定层次充分、适当的审计证据

6. 在测试控制运行的有效性时，注册会计师应当获取关于控制是否有效运行的审计证据的方面有(　　)。

A. 控制在所审计期间的不同时点是如何运行的

B. 控制是否得到一贯执行

C. 控制由谁执行

D. 控制以何种方式执行

7. 如果被审计单位的控制环境存在缺陷，注册会计师在对拟实施审计程序的性质、时间和范围做出总体修改时应当考虑的有(　　)。

A. 主要依赖控制测试获取审计证据

B. 在期末而非期中实施更多的审计程序

C. 通过实施实质性程序获取更广泛的审计证据

D. 增加拟纳入审计范围的经营地点的数量

8. 下列做法中，可以提高审计程序的不可预见性的有(　　)。

A. 针对销售收入和销售退回延长截止测试期间

B. 向以前没有询问过的被审计单位员工询问

C. 对以前通常不测试的金额较小的项目实施实质性程序

D. 对被审计单位银行存款年末余额实施函证

四、案例分析题

瑞华会计师事务所接受甲2016年的财务报表审计工作，该所的A注册会计师确定的审计目标和实质性程序如下：

审计目标：

1. 所记录的销售交易和事项已发生，且与被审计单位有关。

2. 所有应当记录的销售交易和事项均已记录。

3. 与销售交易和事项有关的金额及其他数据均已恰当记录。

4. 销售交易和事项已记录于恰当的账户。

5. 销售交易已记录于正确的会计期间

实质性程序：

1. 从托运单追查至销售明细账。
2. 从销售发票追查至销售明细账。
3. 参照销售发票，比较会计科目表上的分类。
4. 将销售明细账中记录的交易同销售发票、托运单和其他证明文件比较。
5. 检查销售发票、托运单、订货单的合理性和真实性。
6. 将托运单和销售发票上的日期与销售明细账中的日期进行比较。

A 注册会计师将审计目标和实质性程序作了如下的匹配：

1	2	3	4	5
BF	D	A	C	E

问题：请分析 A 注册会计师的匹配是否合适？

第九章 审计报告

任务目标

1. 掌握评价审计中的重大发现、评价审计过程中发现的错报、复核审计工作底稿；

2. 掌握期后事项的定义、分类；

3. 了解三类期后事项的审计责任；

4. 了解期后事项审计类型；

5. 掌握审计报告的定义、作用；

6. 熟悉审计报告的基本内容；

7. 了解各种审计意见报告的格式。

【情景案例】

麦科特公司全称麦科特光电股份有限公司，2000 年 8 月 7 日在深交所上市（代码 0150），拥有光学机械、纺织轻化、生物医药、精工电子、投资贸易等五大产业，是全国最大光学生产基地之一。经查，麦科特利用虚构巨额利润、欺诈上市。证监会通过对麦科特利润虚假问题调查，查明该公司的问题主要为通过伪造进口设备融资租赁合同，虚构固定资产 9074 万港元；采用伪造材料和产品的购销合同、虚开进出口发票、伪造海关印章等手段，虚构收入 30118 万港元，虚构成本 20798 万港元，虚构利润 9320 万港元，其中 1997 年虚构利润 4164 万港元，1998 年虚构利润 3825 万港元，1999 年虚构利润 1331 万港元。为达到上市规模，将虚构利润 9000 多万港元转为实收资本，以及倒制会计凭证、会计报表、隐匿或者故意销毁依法应当保存的会计凭证。

在麦科特发行上市过程中的年报审计工作中，深圳华鹏会计师事务所完成了有关审计工作，并为其出具了严重失实的审计报告，广东大正联合资产评估有限责任公司为其出具了严重失实的资产评估报告，广东明大律师事务所为其出具了严重失实的法律意见书，南方证券有限公司参与编制了严重失实的发行申报文件。后三者也充当了极其不光彩的角色，明显属于欺诈上市。

资料来源：中华文本库：《麦科特造假案问题及解析》。

◎**思考问题：**

从完成审计工作角度考虑，如何防止会计造假？

第一节　完成审计工作

审计完成阶段是审计的最后一个阶段。注册会计师按业务循环完成各财务报表项目的审计测试和一些特殊项目的审计工作后，在审计完成阶段汇总审计测试结果，进行更具综合性的审计工作，如评价审计中的重大发现，评价审计过程中发现的错报，关注期后事项对财务报表的影响，复核审计工作底稿和财务报表等。在此基础上，评价审计结果，在与客户沟通以后，获取管理层声明，确定应出具的审计报告的意见类型和措辞，进而编制并致送审计报告，终结审计工作。

需要说明的是，以上只是对审计完成阶段注册会计师主要工作的列举，并不完整。并且，在审计实务中，这些工作有的在审计实施阶段就已经开始，比如对或有事项的关注，有的即使主要在审计完成阶段执行，也未必机械地按照上述列示顺序依次进行。为便于阐述，把主要工作有选择地汇总在本节介绍阐述。

一、评价审计中的重大发现

在审计完成阶段，项目合伙人和审计项目组考虑的重大发现和事项的例子包括：期中复核中的重大发现及其对审计方法的影响；涉及会计政策的选择、运用和一贯性的重大事项，包括相关披露就识别出的重大风险，对审计策略和计划的审计程序所作的重大修正；在与管理层和其他人员讨论重大发现和事项时得到的信息；与注册会计师的最终审计结论相矛盾或不一致的信息。对实施的审计程序的结果进行评价，可能全部或部分地揭示出以下事项：为了实现计划的审计目标，是否有必要对重要性进行修订；对审计策略和计划的审计程序的重大修正，包括对重大错报风险评估结果的重要变动；对审计方法有重要影响的值得关注的内部控制缺陷和其他缺陷；财务报表中存在的重大错报；项目组成员内部，或项目组与项目质量控制复核人员或提供咨询的其他人员之间，就重大会计和审计事项达成最终结论所存在的意见分歧；在实施审计程序时遇到的重大困难；向事务所内部有经验的专业人士或外部专业顾问咨询的事项；与管理层或其他人员就重大发现以及与注册会计师的最终审计结论相矛盾或不一致的信息进行的讨论。

注册会计师在审计计划阶段对重要性的判断，与其在评估审计差异时对重要性的判断是不同的。如果在审计完成阶段修订后的重要性水平远远低于在计划阶段确定的重要性水平，注册会计师应重新评估已经获得的审计证据的充分性和适当性。如果审计项目组内部、项目组与被咨询者之间以及项目合伙人与项目质量控制复核人员之间存在意见分歧，审计项目组应当遵循事务所的政策和程序予以妥善处理。

二、评价审计过程中发现的错报

（一）错报的沟通和更正

及时与适当层级的管理层沟通错报事项是重要的，因为这能使管理层评价这些事项是否为错报，并采取必要行动，如有异议则告知注册会计师。适当层级的管理层通常是指有责任和权限对错报进行评价并采取必要行动的人员。

法律法规可能限制注册会计师向管理层或被审计单位内部的其他人员通报某些错报。例如，法律法规可能专门规定禁止通报某事项或采取其他行动，这些通报或行动可能不利于有关权力机构对实际存在的或怀疑存在的违法行为展开调查。在某些情况下，注册会计师的保密义务与通报义务之间存在的潜在冲突可能很复杂。此时，注册会计师可以考虑征询法律意见。

管理层更正所有错报（包括注册会计师通报的错报），能够保持会计账簿和记录的准确性，降低由于与本期相关的、非重大的且尚未更正的错报的累积影响而导致未来期间财务报表出现重大错报的风险。

《中国注册会计师审计准则第1501号——对财务报表形成审计意见和出具审计报告》要求注册会计师评价财务报表是否在所有重大方面按照适用的财务报告编制基础编制。这项评价包括考虑被审计单位会计实务的质量（包括表明管理层的判断可能出现偏向的迹象）。

注册会计师对管理层不更正错报的理由的理解，可能影响其对被审计单位会计实务质量的考虑。

（二）评价未更正错报的影响

未更正错报，是指注册会计师在审计过程中累积的且被审计单位未予更正的错报。注册会计师在确定重要性时，通常依据对被审计单位财务结果的估计，因为此时可能尚不知道实际的财务结果。因此，在评价未更正错报的影响之前，注册会计师可能有必要依据实际的财务结果对重要性作出修改。如果在审计过程中获知了某项信息，而该信息可能导致注册会计师确定与原来不同的财务报表整体重要性或者特定类别交易、账户余额或披露的一个或多个重要性水平（如适用），注册会计师应当予以修改。因此，在注册会计师评价未更正错报的影响之前，可能已经对重要性或重要性水平（如适用）作出重大修改。但是，如果注册会计师对重要性或重要性水平（如适用）进行的重新评价导致需要确定较低的金额，则应重新考虑实际执行的重要性和进一步审计程序的性质、时间安排和范围的适当性，以获取充分、适当的审计证据，作为发表审计意见的基础。

注册会计师需要考虑每一个单项错报，以评价其对相关类别的交易、账户余额或披露的影响包括评价该项错报是否超过特定类别的交易、账户余额或披露的重要性水平（如适用）。如果注册会计师认为某一单项错报是重大的，则该项错报不太可能被其他错报抵销。例如，如果收入存在重大高估，即使这项错报对收益的影响完全可被相同金额的费用高估所抵销，注册会计师仍认为财务报表整体存在重大错报。对于同一账户余额或同一类别的交易内部的错报，这种抵销可能是适当的。然而，在得出抵销非重大错报是适当的这一结论之前，需要考虑可能存在其他未被发现的错报的风险。

确定一项分类错报是否重大，需要进行定性评估。例如，分类错报对负债或其他合同条款的影响，对单个财务报表项目或小计数的影响，以及对关键比率的影响。即使分类错报超过了在评价其他错报时运用的重要性水平，注册会计师也可能仍然认为该分类错报对财务报表整体不产生重大影响。

在某些情况下，即使某些错报低于财务报表整体的重要性，但因与这些错报相关的某些情况，在将其单独或连同在审计过程中累积的其他错报一并考虑时，注册会计师也可能将这些错报评价为重大错报。例如，某项错报的金额虽然低于财务报表整体的重要性，但对被审计单位的盈亏状况有决定性的影响，注册会计师应认为该项错报是重大错报。

三、复核审计工作底稿

《质量控制准则第 5101 号——会计师事务所对执行财务报表审计和审阅、其他鉴证和相关服务业务实施的质量控制》对会计师事务所业务复核与项目质量控制复核的质量控制制度作出了规定。《中国注册会计师审计准则第 1121 号——对财务报表审计实施的质量控制》对注册会计师执行财务报表审计的复核与审计项目质量控制复核的质量控制程序作出了规定。

遵循准则要求执行复核是确保注册会计师执业质量的重要手段之一。会计师事务所需要按照《质量控制准则第 5101 号——会计师事务所对执行财务报表审计和审阅、其他鉴证和相关服务业务实施的质量控制》和《中国注册会计师审计准则第 1121 号——对财务报表审计实施的质量控制》的相关规定，结合事务所自身组织架构特点和质量控制体系建设需要，制定相关的质量控制政策和程序，对审计项目复核（包括项目组内部复核和项目质量控制复核）的级次以及人员、时间、范围和工作底稿记录等作出规定。

1. 项目组内部复核。

项目组内部复核分为两个层次：项目负责经理的现场复核和项目负责合伙人的复核。项目负责经理的复核属于第一级复核。该级复核通常在审计现场完成，便于及时发现问题并加以解决，争取工作的主动；而项目负责合伙人的复核是项目组内部最高级别的复核。该复核既是对项目负责经理复核的再监督，也是对重要审计事项的把关。

2. 独立的项目质量控制复核。

项目质量控制复核，是指会计师事务所挑选不参与该业务的人员，在出具报告前，对项目组做出的重大判断和在准备报告时形成的结论做出客观评价的过程。项目质量控制复核又称独立复核。

对应当实施项目质量控制复核的特定业务，如没有完成项目质量控制复核，不得出具报告。如果项目合伙人不接受项目质量控制复核人员的建议，并且重大事项未得到满意解决，项目合伙人不应当出具报告。只有在按照会计师事务所处理意见分歧的程序解决重大事项后，项目合伙人才能出具报告。

按照《会计师事务所质量控制准则第 5101 号——业务质量控制》的要求，对包括上市公司财务报表审计在内的特定业务要实施项目质量控制复核，并在出具审计报告前完成。

对审计工作底稿进行复核有以下意义：

第一，对于审计工作结果进行最后的质量控制，有助于提高审计工作质量，形成正确的审计意见。

第二，是确认审计工作已经达到会计师事务所的工作标准。

第三，是消除妨碍注册会计师判断的偏见，做出符合事实的审计结论。

第二节　期后事项

企业的经营活动是连续不断、持续进行的，但财务报表的编制却是建立在“会计分期假设”基础之上的。也就是说，作为主要审计对象的财务报表，其编制基础不过是对连续不断的经营活动的一种人为划分。与此同时，注册会计师在审计被审计单位某一会计年度的财务报表时，除了对所审会计年度内发生的交易和事项实施必要的审计程序外，还必须考虑所审会计年度之后发生和发现的事项对财务报表和审计报告的影响，以保证一个会计期间的财务报表的真实性和完整性。

一、期后事项概述

（一）期后事项的定义

期后事项是指财务报表日至审计报告日之间发生的事项，以及注册会计师在审计报告日后知悉的事实。

（二）期后事项的分类

财务报表可能受到财务报表日之后所发生事项的影响。适用的财务报告编制基础通常专门提及期后事项，将其区分为下列两类：一是对财务报表日已经存在的情况提供证据的事项，即对财务报表日已经存在的情况提供了新的或进一步证据的事项，这类事项影响财务报表金额，需提请被审计单位管理层调整财务报表及与之相关的披露信息，称为"财务报表日后调整事项"；二是对财务报表日后发生的情况提供证据的事项，即表明财务报表日后发生的情况的事项。这类事项虽不影响财务报表金额，但可能影响对财务报表的正确理解，需提请被审计单位管理层在财务报表附注中作适当披露，称为"财务报表日后非调整事项"。

期后事项可以按时段划分为三个时段：第一个时段是财务报表日后至审计报告日，我们可以把在这一期间发生的事项称为"第一时段期后事项"；第二个时段是审计报告日后至财务报表报出日，我们可以把这一期间发现的事实称为"第二时段期后事项"；第三个时段是财务报表报出日后，我们可以把这一期间发现的事实称为"第三时段期后事项"。

（三）三类期后事项的审计责任

期后事项包括三类，其审计责任分析如下：

1. 对于第一时段期后事项，注册会计师应负主动审计责任，因为注册会计师尚在审计现场，有责任主动实施审计程序对影响财务报表的期后事项进行审计，从而确定其对财务报表的影响，并考虑对审计报告的影响。

2. 对于第二时段期后事项，由于注册会计师已经离开审计现场，一般无法主动实施审计程序再对这部分期后事项进行审计，因此不承担主动审计责任，但对于获知的（比如被审计单位主动告知）期后事项，应当及时与管理层讨论。必要时，还应追加实施适当的审计程序，以确定期后事项的性质及其对财务报表和审计报告的影响程度。

3. 对于第三时段期后事项，即财务报表报出后发现的事实，注册会计师没有义务对其进行识别。

二、期后事项审计的类型

注册会计师对期后事项的审计，可以归纳为两类：一类是结合会计报表年末余额实施的实质性测试程序进行的审计；另一类是专为发现审计年度必须弄清楚的事项另行实施的审计程序。

（一）结合会计报表年末余额实施实质性测试程序

注册会计师在对会计报表项目实施实质性测试程序时，通常通过对各项目的截止期和估价测试等来确定被审计单位管理当局对其编制的会计报表项目的年末余额认定是否正确。例如：复核期后的现金收入，以测试应收账款的可回收性。将后期的存货销售价格与前期的存货成本相比较，以确定前期期末存货估价是否适当等。尽管这些审计程序是针对年末余额实施的，本质上是会计报表年末余额实质性测试的一部分，但从实际效果上看，仍然不失为期后事项审计的一种有效程序。

（二）另行实施的审计程序

这类审计程序主要有以下几种：

1. 向被审计单位管理当局及有关人员询问。

2. 复查被审计单位资产负债表日后编制的内部报表及其他相关管理报告。复查的重点应放在被审计年度生产经营业务中与同期结果有关的变化上，特别是被审计单位经营业务和经营环境的主要变化上。与被审计单位管理当局讨论报表，以确定它们的编制基础与本年度会计报表是否一致，并调查经营结果的重大变化。

3. 复查资产负债表日后编制的会计记录。注册会计师应复核被审计单位期后编制的日记账和分类账，尤其应检查其中大额的或异常的项目，从而确定所有与本年相关的业务的存在和内容，以及期后发生的但需要披露的事项。

4. 检查被审计单位资产负债表日后发布的董事会和股东大会的会议记录和被审计单位的重大事项，尤其是涉及证券管理机构规定的需要向外发布的重大经营事项，被审计单位都要以一定的形式向外发布，对这些发布的事项，在其有关的会议记录中应有详细的记录。注册会计师对这些记录重点应检查其中影响审计年度会计报表表述的重大期后事项。

5. 获取被审计单位管理当局和其律师的声明书。由被审计单位向注册会计师递交的管理当局和其律师的声明书，是他们对审计中各种不同事项的说明，其中包括对审计现场工作结束前的有关期后事项的陈述。

三、编制审计报告时的考虑

对已发现的对会计报表产生重大影响的期后事项，注册会计师应当根据其类型分别作以下处理：

（1）对能为资产负债表日已存在情况提供补充证据的事项，提请被审计单位调整会计报表；

（2）对虽不影响会计报表金额，但可能影响对会计报表正确理解的事项，提请被审计单位披露。

如被审计单位不接受调整或披露建议，注册会计师应当发现保留意见或否定意见。

注册会计师如在审计报告日至会计报表公布日之间获知可能影响会计报表的期后事项，应当及时与被审计单位管理当局讨论。必要时，还应追加适当的审计程序，以确定期后事项的类型及其对会计报表和审计报告的影响程度。

四、确定审计报告日期的方式

如对审计报告日至会计报表公布日获知的期后事项实施了追加审计程序，并已作适当处理，注册会计师可选用以下方式确定审计报告日期：

（1）签署双重报告日期，即保留原定审计报告日，并就该期后事项注明新的审计报告日；

（2）更改审计报告日期，即将原定审计报告日推迟至完成追加审计程序时的审计报告日。

如决定更改审计报告日期，注册会计师应当实施必要的审计程序，以发现原定审计报告日至更改后的审计报告日发生的可能严重影响会计报表的其他期后事项。

如在会计报表公布日后获知审计报告日已经存在但尚未发现的期后事项，注册会计师应当与被审计单位讨论如何处理，并考虑是否需要修改已审计会计报表。

如被审计单位拒绝采取适当措施，注册会计师应当考虑是否修改审计报告。

第三节　审计报告概述

一、审计报告的含义

审计报告是指注册会计师根据审计准则的规定，在执行审计工作的基础上，对财务报表发表审计意见的书面文件。

二、审计报告的特征

审计报告是注册会计师在完成审计工作后向委托人提交的最终产品，具有以下特征：

（1）注册会计师应当按照审计准则的规定执行审计工作。

（2）注册会计师要在实施审计工作的基础上出具审计报告。

（3）注册会计师通过对财务报表发表意见履行业务约定书约定的责任。

（4）会计师应当以书面形式出具审计报告。

（5）注册会计师应当根据由审计证据得出的结论，清楚表达对财务报表的意见。无论是出具标准审计报告，还是非标准审计报告，注册会计师一旦在审计报告上签名并盖章，就表明对其出具的审计报告负责。

审计报告是注册会计师对财务报表是否在所有重大方面按照财务报告编制基础来编制并公允反映发表审计意见的书面文件，因此，注册会计师应当将已审计的财务报表附于审计报告之后，以便于财务报表使用者正确理解和使用审计报告，并防止被审计单位替换、更改已审计的财务报表。

三、审计报告的作用

注册会计师签发的审计报告，主要具有鉴证、保护和证明这三个方面的作用。

（一）鉴证作用

注册会计师签发的审计报告，不同于政府审计和内部审计的审计报告，是以超然独立的第三者身份，对被审计单位财务报表的合法性、公允性发表意见。这种意见具有鉴证作用，得到了政府及其各部门和社会各界的普遍认可。政府有关部门，如财政部门、税务部门等了解、掌握企业的财务状况和经营成果的主要依据是企业提供的财务报表。财务报表是否合法、公允，主要依据注册会计师的审计报告作出判断。股份制企业的股东，主要依据注册会计师的审计报告来判断被投资企业的财务报表是否公允地反映了财务状况和经营成果，以进行投资决策等。

（二）保护作用

注册会计师通过审计，可以对被审计单位财务报表出具不同类型审计意见的审计报告，以提高或降低财务报表使用者对财务报表的信赖程度，能够在一定程度上对被审计单位的财产、债权人和股东的权益及企业利害关系人的利益起到保护作用。如投资者为了减少投资风险，在进行投资之前，需要查阅被投资企业的财务报表和注册会计师的审计报告，了解被投资企业的经营情况和财务状况。投资者根据注册会计师的审计报告作出投资决策，可以降低其投资风险。

（三）证明作用

审计报告是对注册会计师审计任务完成情况及其结果所作的总结，它可以表明审计工作的质量并明确注册会计师的审计责任。因此，审计报告可以对审计工作质量和注册会计师的审计责任起证明作用。通过审计报告，可以证明注册会计师在审计过程中是否实施了必要的审计程序，是否以审计工作底稿为依据发表审计意见，发表的审计意见是否与被审计单位的实际情况相一致，审计工作的质量是否符合要求。通过审计报告，可以证明注册会计师对审计责任的履行情况。

四、审计报告的基本内容

审计报告应当包括下列要素：标题；收件人；引言段；管理层对财务报表的责任段；注册会计师的责任段；审计意见段；注册会计师的签名和盖章；会计师事务所的名称、地址及盖章；报告日期。

（一）标题

审计报告的标题应当统一规范为“审计报告”。

考虑到这一标题已广为社会公众所接受，因此，我国注册会计师出具的审计报告中标题没有包含“独立”两个字，但注册会计师在执行财务报表审计业务时，应当遵守独立性的要求。

（二）收件人

审计报告的收件人是指注册会计师按照业务约定书的要求致送审计报告的对象，一般是指审计业务的委托人。审计报告应当载明收件人的全称。

注册会计师应当与委托人在业务约定书中约定致送审计报告的对象，以防止在此问题上发生分歧或审计报告被委托人滥用。针对整套通用目的财务报表出具的审计报告，审计报告的致送对象通常为被审计单位的全体股东或董事会。

（三）引言段

审计报告的引言段应当说明被审计单位的名称和财务报表已经过审计，并包括下列内容：

1. 指出构成整套财务报表的每张财务报表的名称；
2. 提及财务报表附注；
3. 指明财务报表的日期和涵盖的期间。

根据企业会计准则规定，整套财务报表中每张财务报表的名称分别为资产负债表、利润表、所有者（股东）权益变动表和现金流量表。此外，由于附注是财务报表不可或缺的重要组成部分，因此，也应提及财务报表附注。财务报表有反映时点的，有反映期间的，注册会计师应在引言段中指明财务报表的日期或涵盖的期间。

引言段举例如下：“我们审计了后附的 XYZ 股份有限公司（以下简称 XYZ 公司）财务报表，包括 2015 年 12 月 31 日的资产负债表，2015 年度的利润表、股东权益变动表和现金流量表以及财务报表附注。”

（四）管理层对财务报表的责任段

管理层对财务报表的责任段应当说明，按照适用的会计准则和相关会计制度的规定编制财务报表是管理层的责任，这种责任包括：

1. 设计、实施和维护与财务报表编制相关的内部控制，以使财务报表不存在由于舞弊或错误而导致的重大错报；

2. 选择和运用恰当的会计政策；

3. 作出合理的会计估计。

在审计报告中指明管理层的责任，有利于区分管理层和注册会计师的责任，降低财务报表使用者误解注册会计师责任的可能性。

管理层对财务报表的责任段举例如下：

> “按照企业会计准则和《××会计制度》的规定编制财务报表是XYZ公司管理层的责任。这种责任包括：（1）设计、实施和维护与财务报表编制相关的内部控制，以使财务报表不存在由于舞弊或错误而导致的重大错报；（2）选择和运用恰当的会计政策；（3）作出合理的会计估计。”

（五）注册会计师的责任段

注册会计师的责任段应当说明下列内容：

1. 注册会计师的责任是在实施审计工作的基础上对财务报表发表审计意见。注册会计师按照中国注册会计师审计准则的规定执行了审计工作。中国注册会计师审计准则要求注册会计师遵守职业道德规范，计划和实施审计工作以对财务报表是否不存在重大错报获取合理保证。

2. 审计工作涉及实施审计程序，以获取有关财务报表金额和披露的审计证据。选择的审计程序取决于注册会计师的判断，包括对由于舞弊或错误导致的财务报表重大错报风险的评估。在进行风险评估时，注册会计师考虑与财务报表编制相关的内部控制，以设计恰当的审计程序，但目的并非对内部控制的有效性发表意见。审计工作还包括评价管理层选用会计政策的恰当性和作出会计估计的合理性，以及评价财务报表的总体列报。

3. 注册会计师相信已获取的审计证据是充分、适当的，为其发表审计意见提供了基础。

如果接受委托，结合财务报表审计对内部控制有效性发表意见，注册会计师应当省略上述第2项中“但目的并非对内部控制的有效性发表意见”的术语。

理解注册会计师的责任段内容时，应当注意以下几点：

第一段内容阐明注册会计师的责任、注册会计师执行审计业务的标准以及审计准则对注册会计师提出的核心要求。同时向财务报表使用者说明，注册会计师应当计划和实施审计工作以对财务报表是否不存在重大错报获取合理保证。不存在重大错报，是指注册会计师认为已审计的财务报表不存在影响财务报表使用者决策的错报。合理保证是指注册会计师通过不断修正的、系统的执业过程，获取充分、适当的审计证据，对财务报表整体发表审计意见，提供的是一种高水平但非百分之百的保证。

第二段内容阐明注册会计师执行审计工作的主要过程，包括运用职业判断实施风险评估程序、控制测试（必要时或决定测试时）以及实质性程序。同时向财务报表使用者说明，注册会计师的审计是建立在风险导向审计基础上的。在进行风险评估时，注册会计师考虑与财务报表编制相关的内部控制，以设计恰当的审计程序，但目的并非对内部控制的有效性发表意见。因此，审计报告对内部控制不提供任何保证。

第三段内容阐明注册会计师通过审计工作，获取了充分、适当的审计证据，具备了发表审计意见的基础。

注册会计师的责任段举例如下：

“我们的责任是在实施审计工作的基础上对财务报表发表审计意见。我们按照中国注册会计师审计准则的规定执行了审计工作。中国注册会计师审计准则要求我们遵守职业道德规范，计划和实施审计工作以对财务报表是否不存在重大错报获取合理保证。

“审计工作涉及实施审计程序，以获取有关财务报表金额和披露的审计证据。选择的审计程序取决于注册会计师的判断，包括对由于舞弊或错误导致的财务报表重大错报风险的评估。在进行风险评估时，我们考虑与财务报表编制相关的内部控制，以设计恰当的审计程序，但目的并非对内部控制的有效性发表意见。审计工作还包括评价管理层选用会计政策的恰当性和作出会计估计的合理性，以及评价财务报表的总体列报。

“我们相信，我们获取的审计证据是充分、适当的，为发表审计意见提供了基础。”

（六）审计意见段

1. 审计意见段的内容。

审计意见段应当说明，财务报表是否按照适用的会计准则和相关会计制度的规定编制，是否在所有重大方面公允反映了被审计单位的财务状况、经营成果和现金流量。

财务报表审计的目标是注册会计师通过执行审计工作，对财务报表的下列方面发表审计意见：(1）财务报表是否按照适用的会计准则和相关会计制度的规定编制；(2）财务报表是否在所有重大方面公允反映了被审计单位的财务状况、经营成果和现金流量。因此，当注册会计师完成审计工作，获取了充分、适当的审计证据，应当就上述内容对财务报表发表审计意见。

2. 无保留意见的审计报告。

如果认为财务报表符合下列所有条件，注册会计师应当出具无保留意见的审计报告：

(1）财务报表已经按照适用的会计准则和相关会计制度的规定编制，在所有重大方面公允反映了被审计单位的财务状况、经营成果和现金流量；

(2）注册会计师已经按照中国注册会计师审计准则的规定计划和实施审计工作，在审计过程中未受到限制。

当出具无保留意见的审计报告时，注册会计师应当以“我们认为”作为意见段的开头，并使用“在所有重大方面”“公允反映”等术语。

无保留意见的审计报告意味着，注册会计师通过实施审计工作，认为被审计单位财务报表的编制符合合法性和公允性的要求，合理保证财务报表不存在重大错报。

无保留意见的审计报告的意见段举例如下：

> “我们认为，XYZ 公司财务报表已经按照企业会计准则和《企业会计制度》的规定编制，在所有重大方面公允反映了 ABC 公司 2015 年 12 月 31 日的财务状况以及 2015 年度的经营成果和现金流量。”

标准审计报告。当注册会计师出具的无保留意见的审计报告不附加说明段、强调事项段或任何修饰性用语时，该报告称为标准审计报告。标准审计报告包含的审计报告要素齐全，属于无保留意见，且不附加说明段、强调事项段或任何修饰性用语。否则，不能称为标准审计报告。

（七）说明段

审计报告的说明段是指审计报告中用于描述注册会计师发表无保留意见（即保留意见、否定意见和无法表示意见）理由的段落。说明段的位置在意见段之前，应该清楚地描述导致所发表意见或无法表示意见的所有原因，并指出其对财务报表的影响。

（八）强调事项段

审计报告的强调事项段是指审计报告中位于意见段之后用于描述注册会计师对重大事项予以强调的段落。

（九）注册会计师的签名和盖章

审计报告应当由注册会计师签名并盖章。

注册会计师在审计报告上签名并盖章，有利于明确法律责任。《财政部关于注册会计师在审计报告上签名盖章有关问题的通知》（财会〔2001〕1035号）明确规定：

> "一、会计师事务所应当建立健全全面质量控制政策与程序以及各审计项目的质量控制程序，严格按照有关规定和本通知的要求在审计报告上签名盖章。
>
> "二、审计报告应当由两名具备相关业务资格的注册会计师签名盖章并经会计师事务所盖章方为有效。
>
> "（一）合伙会计师事务所出具的审计报告，应当由一名对审计项目负最终复核责任的合伙人和一名负责该项目的注册会计师签名盖章。
>
> "（二）有限责任会计师事务所出具的审计报告，应当由会计师事务所主任会计师或其授权的副主任会计师和一名负责该项目的注册会计师签名盖章。"

（十）会计师事务所的名称、地址及盖章

审计报告应当载明会计师事务所的名称和地址，并加盖会计师事务所公章。

根据《中华人民共和国注册会计师法》的规定，注册会计师承办业务，由其所在的会计师事务所统一受理并与委托人签订委托合同。因此，审计报告除了应由注册会计师签名并盖章外，还应载明会计师事务所的名称和地址，并加盖会计师事务所公章。

注册会计师在审计报告中载明会计师事务所地址时，标明会计师事务所所在的城市即可。在实务中，审计报告通常载于会计师事务所统一印刷的、标有该所详细通信地址的信笺上，因此，无需在审计报告中注明详细地址。此外，根据国家工商行政管理部门的有关规定，在主管登记机关管辖区内，已登记注册的企业名称不得相同。因此在同一地区内不会出现重名的会计师事务所。

（十一）报告日期

审计报告应当注明报告日期。审计报告的日期不应早于注册会计师获取充分、适当的审计证据（包括管理层认可对财务报表的责任且已批准财务报表的证据），并在此基础上对财务报表形成审计意见的日期。

注册会计师在确定审计报告日期时，应当考虑：（1）应当实施的审计程序已经完成；（2）应当提请被审计单位调整的事项已经提出，被审计单位已经作出调整或拒绝作出调整；（3）管理层已经正式签署财务报表。

审计报告的日期非常重要。注册会计师对不同时段的资产负债表日后事项有着不同的责任，而审计报告的日期是划分时段的关键时点。在实务中，注册会计师在正式签署审计报告前，通常把审计报告草稿和已审计财务报表草稿一同提交给管理层。如果管理层批准并签署已审计财务报表，注册会计师即可签署审计报告。注册会计师签署审计报告的日期通常与管理层签署已审计财务报表的日期为同一天，或晚于管理层签署已审计财务报表的日期。在审计报告日期晚于管理层签署已审计财务报表日期时，注册会计师应当获取自管理层声明书日到审计报告日期之间的进一步审计证据，如补充的管理层声明书。

第四节 审计报告的类型

审计报告分为标准审计报告和非标准审计报告。标准审计报告是不附加说明段、强调事项或任何修饰用语的无保留意见审计报告。标准审计报告以外的其他审计报告为非标准审计报告，包括带强调事项的无保留意见审计报告和非无保留意见审计报告。其中非无保留意见审计报告包括保留意见的审计报告、否定意见的审计报告和无法表示意见的审计报告。

一、标准的审计报告

无保留意见是指注册会计师对被审计单位的会计报表，依照中国注册会计师独立审计准则的要求进行审查后确认：被审计单位采用的会计处理方法遵循了会计准则及有关规定；会计报表反映的内容符合被审计单位的实际情况；会计报表内容完整，表述清楚，无重要遗漏；报表项目的分类和编制方法符合规定要求，因而对被审计单位的会计报表无保留地表示满意，即无保留意见。无保留意见意味着注册会计师认为会计报表的反映是合法、公允和一贯的，能满足非特定多数利害关系人的共同需要。

（一）发表无保留意见的条件

1. 注册会计师经过审计后若认为财务报表同时符合以下条件，应当发表无保留意见。

（1）财务报表已经按照使用的会计准则和《企业会计制度》的规定编制；

（2）财务报表在所有重大方面公允地反映了被审计单位的财务状况、经营成果和现金流量；

（3）注册会计师已经按照《中国注册会计师审计准则》的规定计划和实施审计业务工作，并且在审计的开展过程中未受到限制。

（二）无保留意见的申报报告格式

出具无保留意见的审计报告，应当以“我们以为”作为意见段的开头，并且使用“在所有重大方面”“公允反映”等术语。而不能使用“我们保证”“我们确信”等字样，在表述财务报表所反映的内容是否真实公允的时候，不能使用“完全正确”“绝对真实”等词语，“大致反映”“基本反映”等模棱两可的词也不能使用。

二、带强调事项段的无保留意见审计报告

（一）强调事项段的含义

审计报告的强调事项段是指注册会计师在审计意见段之后增加的对重大事项予以强调的段落。强调事项应当同时符合两个条件：（1）可能对财务报表产生重大影响，但被审计单位进行了恰当的会计处理，并在财务报告中作了充分的披露；（2）不影响注册会计师发表审计意见。只是增加了审计报告的信息含量，提高了报告的有用性，不影响发表的审计意见。

（二）增加强调事项段的情形

1. 对持续经营能力产生重大疑虑，如存在企业资不抵债造成企业无法在正常的生产经营中处置资产、清偿债务等。

2. 重大不确定事项，存在对财务报表产生重大影响的不确定事项，且不影响已发表的审计意见，注册会计师应当考虑增加强调事项予以强调说明，比如企业受到其他单位的投诉，法院已受理但是没有审理。

3. 其他增加强调事项的情形：

（1）异常诉讼或监管行动的未来结果存在不确定性。

（2）提前应用（在允许的情况下）对财务报表有广泛影响的新会计准则。

（3）存在已经或持续对被审计单位财务状况产生重大影响的特大灾难。

（4）如果认为被审计单位运用持续经营假设适合具体情况，但存在重大不确定性，财务报表已经作出充分披露，注册会计师应当发表无保留意见，并在审计报告中增加强调事项段，强调可能导致对持续经营能力产生重大疑虑的事项或情况存在重大不确定性的事实。

（5）注册会计师对特殊目的财务报表出具的审计报告应当增加强调事项段，以提醒财务报告使用者关注财务报表按照特殊目的编制基础进行编制。

（6）上期财务报表存在尚未更正的错报，并且没有重新出具审计报告，但是对应数据在本期财务报表中得到恰当重述的，注册会计师可以在审计报告中增加强调事项段。

（7）当对比较财务报表出具的审计报告涵盖所列报的每期财务报表时，注册会计师可以对一期或者多期财务报表发表保留意见、否定意见或者无法表示意见，或者在审计报告中增加强调事项段，而对其他期间的财务报表发表不同的审计意见。

三、保留意见的审计报告

保留意见是指注册会计师对会计报表的反映有所保留的审计意见。注册会计师经过审计后，认为被审计单位会计报表的反映就其整体而言是恰当的，但还存在下述情况之一时，应出具保留意见的审计报告：个别重要财务会计事项的处理或个别重要会计报表项目的编制不符合《企业会计准则》和国家其他有关财务会计法规的规定，而且被审计单位拒绝进行调整；因审讨范围受到局部限制，无法按照独立审计准则的要求取得应有的审计证据；个别会计处理方法的选用不符合一贯性原则。

四、否定意见的审计报告

否定意见与无保留意见相反，认为会计报表不能合法、公允、一贯地反映被审计单位财务状况、经营成果和现金流动情况。注册会计师经过审计后，认为被审计单位的会计报表存在下述情况时，应当出具否定意见的审计报告：会计处理方法的选用严重违反《企业会计准则》和国家其他有关财务会计法规的规定，被审计单位拒绝进行调整；会计报表严重歪曲了被审计单位的财务状况，经营成果和现金流动情况，而且被审计单位拒绝进行调整。

五、无法（拒绝）表示意见的审计报告

无法表示意见是指注册会计师说明其对被审计单位会计报表的合法性、公允性和一贯性无法发表意见。注册会计师在审计过程中，由于审计范围受到委托人、被

审计单位或客观环境的严重限制，不能获取必要的审计证据，以致无法对会计报表整体反映发表审计意见时，应当出具无法表示意见的审计报告。

◎ **知识小结**

本章主要介绍了完成审计工作的几项重要工作，即评价审计中的重大发现、评价审计过程中的错报、复核审计工作底稿；然后介绍了期后事项的定义、分类、审计的责任以及审计的类型，还有审计报告的含义、作用、基本内容和类型。

◎ **课后练习**

一、简答题

1. 如何评价未更正错报的影响？
2. 简述复核审计工作底稿。
3. 期后事项的定义和分类是什么？
4. 简述三类期后事项的审计责任。
5. 简述审计报告的定义和作用。
6. 审计报告的基本内容有哪些？
7. 审计报告分为哪几种类型？

二、单项选择题

1. 甲注册会计师在对 X 公司 2017 年度财务报表进行审计时，在形成审计意见时，有下列问题需要作出判断。(财务报表重要性水平为 200 万元)

(1) 对在审计过程中，发现的下列事项，需建议被审计单位管理当局进行调整的是(　　)。

A. 资产负债表日后售出的商品，在注册会计师完成审计工作日前被退回，被审计单位冲销了 2018 年度的收入、成本等相关项目

B. 资产负债表日后被起诉，在注册会计师完成审计工作日前，法院宣判被审计单位应赔偿原告 150 万元损失，被审计单位计入了 2018 年度的负债和损失

C. 注册会计师认为预付 B 公司货款 2 000 元，已不符合预付性质，应转入其他应收款，并计提 200 元坏账准备，被审计单位未作此处理

D. 2017 年 10 月售出商品 1 000 万元，成本 800 万元，在 2018 年 1 月被退回，被审计单位冲销了 2008 年 1 月的收入、成本等相关项目

(2) 下列情况中，注册会计师应出具带强调事项段无保留意见审计报告的是(　　)。

A. 资产负债表日的一项未决诉讼，律师认为胜负难料，一旦败诉对企业将产生重大影响，被审计单位已在会计报表附注中进行了披露

B. 资产负债表日的一项未决诉讼，律师认为胜负难料，一日败诉对企业将产生重大影响，被审计单位拒绝在会计报表附注中进行披露

C. 2017 年 10 月份转入不需用设备一台，未计提折旧金额为 5 万元（累计折旧重要性水平为 10 万元），X 公司未调整

D. X 公司将出售给子公司商品 1 000 万元全部确认为当期收入，该商品的市价为 800 万元，被审计单位拒绝调整，但已在财务报表附注中作为关联方交易予以披露

2. 审计报告中，必须说明管理层对财务报表的责任段。下列不属于管理层对财务报表的责任是(　　)。

A. 选择和运用恰当的会计政策

B. 设计、实施和维护与财务报表编制相关的内部控制

C. 对财务报表发表审计意见

D. 作出合理的会计估计

3. 注册会计师审计了 Y 公司 2017 年度的财务报表，决定对 Y 公司出具否定意见的审计报告，下列(　　)的表述是注册会计师出具否定意见审计报告意见段开头的专业术语。

A. 由于上述审计范围受到限制

B. 由于上述问题造成的重大影响

C. 除上述问题可能产生的影响外

D. 我们认为，上述财务报表

4. X 有限责任公司委托会计师事务所审计，其审计报告的收件人应为(　　)。

A. X 有限责任公司全体股东　　B. X 有限责任公司董事会

C. X 有限责任公司全体职工　　D. X 有限责任公司董事长

5. 在下列情况下，注册会计师应出具无保留意见审计报告的有(　　)。

A. 拒绝提供应收账款明细账　　B. 拒绝提供实收资本明细账

C. 拒绝就银行存款进行函证　　D. 拒绝提供应收账款明细表

6. 审计报告一般由(　　)编制。

A. 业务助理人员　　B. 注册会计师

C. 审计项目负责人　　D. 主任注册会计师

7. 注册会计师出具无保留意见审计报告，如果认为必要，可以在(　　)增加说明段，增加对重要事项的说明。

A. 意见段之后　　B. 范围段之后

C. 意见段之前　　D. 范围段之前

8. 甲注册会计师对兴尔公司 2007 年财务报表组成部分出具审计报告时，为避免财务报表使用者产生误解，注册会计师应当提请被审计单位不应在财务报表组成

部分的审计报告后附送(　　)。

A. 整体财务报表　　B. 汇总财务报表

C. 合并财务报表　　D. 组成部分的财务报表

9. 注册会计师对特定日期与财务报表相关的内部控制进行审核，其发表审核意见的对象是(　　)。

A. 被审核单位内部控制的合理性

B. 被审核单位内部控制的一贯性

C. 被审核单位内部控制的有效性

D. 被审核单位内部控制的完整性

三、多项选择题

1. 针对下列或有事项，甲注册会计师应提出审计调整建议的有(　　)。

A. 基于合理的判断，M 公司对某项可能发生的担保损失于 2007 年确认预计负债 1550 万元。2008 年 12 月法院作出终审判决，M 公司实际发生担保损失 l 500 万元。因此，M 公司于 2008 年确认营业外收入 50 万元

B. 2008 年 12 月 31 日，法院尚未对 M 公司被诉的一起合同纠纷案作出判决。基于合理的判断，M 公司胜诉的可能性为 40%。因此，M 公司没有确认预计负债

C. 2008 年 12 月 31 日，法院尚未对 M 公司涉及的一起三方合同纠纷案作出判决。M 公司的律师认为 M 公司很可能需要向合同一方支付违约金 500 万元，同时也基本确定可以从合同的另一方获得赔偿 400 万元。因此，M 公司确认预计负债 100 万元

D. 2008 年 11 月法院判决 M 公司败诉，要求其偿付某银行担保责任款 300 万元。M 公司于 2008 年 12 月提起上诉，其律师认为上诉获胜的可能性很大，且截至 2008 年度会计报表签署日法院尚未作出判决。因此，M 公司没有确认预计负债

2. 向与被审计单位有业务往来的银行寄发要求银行提供被审计单位或有事项的询证函，其内容涉及(　　)。

A. 商业票据贴现

B. 信用证存款

C. 为其他单位的银行借款进行的担保

D. 为本单位的银行借款进行的抵押

3. 下列情形中，注册会计师应在审计报告意见段之后增加强调事项段的有(　　)。

A. 被审计单位存在可能导致对持续经营能力产生重大疑虑的事项或情况，但未在会计报表中披露

B. 被审计单位存在可能导致对持续经营能力产生重大疑虑的事项或情况，已在财务报表中披露，且不影响已发表的意见

C. 所持股票作为交易性金融资产，股票市价在资产负债表日后大幅下跌，但未在财务报表中披露

D. 由于违约在资产负债表日前被起诉，对此已在财务报表附注中披露

4. 甲注册会计师按约定完成对X股份有限公司2007年度财务报表审计工作，正草拟审计报告，在复核审计工作底稿时，发现X股份有限公司应收账款项目无法进行函证，也无法实施其他替代审计程序，甲注册会计师应发表(　　)类型的审计报告。

A. 无保留意见　　B. 保留意见

C. 否定意见　　D. 无法表示意见

5. 如果需要修改已审计财务报表而被审计单位拒绝修改，注册会计师应当根据具体情况(　　)。

A. 出具无法表示意见的审计报告　　B. 在审计报告中提及该事项

C. 出具否定意见的审计报告　　D. 出具保留意见的审计报告

6. 注册会计师可能应委托人要求对被审计单位按照《企业会计准则》以外的其他基础编制的财务报表发表审计意见，其他基础包括(　　)。

A. 计税基础　　B. 收付实现制基础

C. 外汇管理的规定　　D. 证券监管机构的规定

7. 如果注册会计师认为被审计单位内部控制存在重大缺陷，而管理层已在书面声明及认定中恰当地说明了该重大缺陷及其对实现控制目标的影响，注册会计师应当视其重要程度发表(　　)。

A. 无保留意见　　B. 保留意见

C. 否定意见　　D. 无法表示意见

8. 审计意见应当说明财务报表是否在所有重大方面公允反映了被审计单位的财务状况、经营成果和现金流量。评价财务报表是否具有公允性应考虑的内容包括(　　)。

A. 财务报表是否真实地反映了交易和事项的经济实质

B. 管理层作出的会计估计是否合理

C. 经管理层调整后的财务报表，是否与注册会计师对被审计单位及其环境的了解一致

D. 财务报表的列报、结构和内容是否合理

9. 注册会计师王凯在对K公司2007年度财务报表出具审计报告时，在注册会计师的责任段与意见段之间增加了对某个重要事项的说明，一般来说该审计报告的意见类型可能是(　　)。

A. 否定意见　　　　　　　　　　　B. 无法表示意见

C. 保留意见　　　　　　　　　　　D. 带强调事项段的无保留意见

四、案例分析题

甲注册会计师作为信恒会计师事务所审计项目负责人，在审计以下单位 2008 年度会计报表时分别遇到以下情况：

（1）A 公司拥有一项长期股权投资，账面价值 500 万元，持股比例 30%。2008 年 12 月 31 日，A 公司与 K 公司签署投资转让协议，拟以 450 万元的价格转让该项长期股权投资，已收到价款 300 万元，但尚未办理产权过户手续，A 公司以该项长期股权投资正在转让之中为由，不再计提减值准备。

（2）B 公司于 2007 年 5 月为 L 公司 1 年期银行借款 1 000 万元提供担保，因 L 公司不能及时偿还，银行于 2008 年 ll 月向法院提起诉讼，要求 B 公司承担连带清偿责任。2008 年 12 月 31 日，B 公司在咨询律师后，根据 L 公司的财务状况，计提了 500 万元的预计负债。对上述预计负债，B 公司已在财务报表附注中进行了适当披露。截至审计工作完成日，法院未对该项诉讼作出判决。

（3）C 公司在 2008 年度向其控股股东 M 公司以市场价格销售产品 5 000 万元，以成本加成价格购入原材料 3 000 万元，上述销售和采购分别占 C 公司当年销售、购货比例为 30%和 40%，C 公司已在会计报表附注中进行了适当披露。

（4）D 公司于 2008 年 11 月 20 日发现，2007 年漏计固定资产折旧费用 200 万元。D 公司在编制 2008 年度财务报表时，对此项会计差错予以更正，追溯调整了相关财务报表项目，并在财务报表附注中进行了适当披露。

（5）E 公司于 2008 年年末更换了大股东，并成立了新的董事会，继任法定代表人以刚上任不了解以前年度情况为由，拒绝签署 2008 年度已审财务报表和提供管理当局声明书。原法定代表人以不再继续履行职责为由，也拒绝签署 2008 年度已审计财务报表和提供的管理当局声明书。

要求：假定上述情况对各被审计单位 2008 年度财务报表的影响都是重要的，且各被审计单位均拒绝接受 A 注册会计师提出的审计处理建议（如有）。在不考虑其他因素影响的前提下，请分别针对上述五种情况，判断 A 注册会计师应对 2008 年度财务报表出具何种类型的审计报告，并简要说明理由。

第十章 审阅业务和其他特殊项目的审计

任务目标

1. 掌握财务报表审阅业务的目标、职业道德要求和执业准则等；
2. 了解审阅工作和审计工作的区别；
3. 熟悉业务约定书的基本内容和程序；
4. 熟悉会计政策、会计估计变更和会计差错更正的审计程序；
5. 掌握关联方交易及其审计的特征和程序；
6. 掌握需要进行期初余额审计的情形。

【情景案例】

天津国恒铁路控股股份有限公司全体股东：

我们审阅了后附的天津国恒铁路控股股份有限公司（以下简称“国恒铁路”）新旧会计准则股东权益差异调节表（以下简称“差异调节表”）。按照《企业会计准则第38号——首次执行企业会计准则》和“关于做好与新会计准则相关财务会计信息披露工作的通知”（证监发〔2006〕136号，以下简称“通知”）的有关规定编制差异调节表是国恒铁路管理层的责任。我们的责任是在实施审阅工作的基础上对差异调节表出具审阅报告。根据“通知”的有关规定，我们参照《中国注册会计师审阅准则第2101号——财务报表审阅》的规定执行审阅业务。该准则要求我们计划和实施审阅工作，以对差异调节表是否不存在重大错报获取有限保证。审阅主要限于询问公司有关人员差异调节表相关会计政策和所有重要的认定、了解差异调节表中调节金额的计算过程、阅读差异调节表以考虑是否遵循指明的编制基础以及在必要时实施分析程序，审阅工作提供的保证程度低于审计。我们没有实施审计，因而不发表审计意见。根据我们的审阅，我们没有注意到任何事项使我们相信差异调节表没有按照《企业会计准则第38号——首次执行企业会计准则》和“通知”的有关规定编制。

中磊会计师事务所有限责任公司

中国注册会计师：熊建

中国 北京 中国注册会计师：张鹏飞

二〇〇八年四月二十四日

资料来源：中财网：《国恒铁路审阅报告》。

◎**思考问题：**

什么是审阅业务？它和审计业务的区别是什么？

第一节　财务报表审阅业务

对历史财务信息进行鉴证，除了审计工作以外，还有审阅工作。和审计相比较，审阅工作的成本较低。有些小型企业会聘用注册会计师对财务报表进行审阅，证券监管机构会要求上市公司对期中的财务报表进行审阅，目的在于提高上市公司期中财务报告的可信度。

一、财务报表审阅业务的基本概念

（一）财务报表审阅的目标

财务报表审阅的目标是：注册会计师在实施审阅程序的基础上，说明是否注意到某些事项，使其相信财务报表没有按照适用的会计准则和相关会计制度的规定编制，未能在所有重大方面公允反映被审阅单位的财务状况、经营成果和现金流量。

（二）职业道德要求

注册会计师应当遵守相关职业道德规范，确保独立、客观、公正，保持专业胜任能力和关注，并对执业中获知的信息保密。

（三）执业准则

注册会计师应当按照《中国注册会计师审阅准则第 2101 号——财务报表审

阅》的有关规定执行财务报表审阅业务，签订业务约定书，规划审阅工作，明确审阅程序，记录重大事项和证据，形成审阅结论并出具报告。

二、与审计工作的区别

审计业务和审阅业务的区别主要是：

(1) 目标不同。财务报表审计的目标是：注册会计师通过执行审计工作，对财务报表的下列方面发表审计意见；财务报表是否按照适用的会计准则和相关会计制度的规定编制；财务报表是否在所有重大方面公允反映被审计单位的财务状况、经营成果和现金流量。财务报表审阅的目标是：注册会计师在实施审阅程序的基础上，说明是否注意到某些事项，使其相信财务报表没有按照适用的会计准则和相关会计制度的规定编制，未能在所有重大方面公允反映被审阅单位的财务状况、经营成果和现金流量。

(2) 业务性质不同。财务报表审计属于合理保证的鉴证业务；财务报表审阅属于有限保证的鉴证业务。

(3) 执业标准不同。财务报表审计是根据《中国注册会计师审计准则》的规定进行审计；财务报表审阅是根据《中国注册会计师审阅准则第 2101 号——财务报表审阅》的规定进行审阅。

(4) 所使用的程序和方法不同。财务报表审计程序的实施范围较广，程度较深，种类较多，包括检查记录或文件、检查有形资产、观察、询问、函证、重新计算、重新执行、分析程序等。财务报表审阅以询问和分析程序为主，只有当有理由相信所审阅的财务报表可能存在重大错报时才需要追加其他程序。

(5) 注册会计师提供的保证程度不同。财务报表审计以积极方式提供合理保证；财务报表审阅以消极方式提供有限保证。

(6) 结论的类型不同。财务报表审计的意见类型有无保留意见、保留意见、否定意见、无法表示意见这四种，其中无保留意见和保留意见可以加强调事项段；财务报表审阅类似于审计意见的类型，包括无保留、保留、否定、无法提供任何保证这四种。

三、审阅范围

审阅范围是指为实现财务报表审阅目标，注册会计师应根据《中国注册会计师审阅准则第 2101 号——财务报表审阅》准则和职业判断实施的恰当的审计程序的总和。必要时，还应当考虑业务约定书条款的要求。

由于审阅程序有限，注册会计师通过实施审阅程序，通常不能获取足以支持较高程度保证（即合理保证）的证据，而只能获取支持有限保证的证据。但注册会计师实施的证据收集程序至少应当足以获取有意义的保证水平作为以消极方式提出结论的基础。

四、业务约定书

注册会计师应当与被审阅单位就业务约定条款达成一致意见，并签订业务约定书。业务约定书的内容包括：

（1）审阅业务的目标；

（2）管理层对财务报表的责任；

（3）审阅范围，应当按照规定执行审阅工作；

（4）注册会计师不受限制地接触审阅业务所要求的记录、文件和其他信息；

（5）预期提交的报告样本；

（6）说明不能依赖财务报表审阅揭示错误、舞弊和违反法规行为；

（7）说明没有实施审计，因此注册会计师不发表审计意见、不能满足法律法规或第三方对审计的要求

五、审阅计划

计划审阅工作对注册会计师顺利完成审阅工作和控制审阅风险具有重要的意义。充分的审阅计划有助于注册会计师关注重点审阅领域、及时发现和解决潜在的问题及恰当的组织和管理审阅工作，以使审阅工作更加有效。同时，充分的审阅计划还可以帮助注册会计师对项目组成人员进行恰当的分工和监督指导，并复核其工作，还有助于协调其他注册会计师和专家的工作。

六、审阅程序

财务报表审阅程序一般包括：

（1）了解被审阅单位及其环境。

（2）询问被审阅单位采用的会计准则和相关会计制度、行业惯例。

（3）询问被审阅单位对交易和事项的确认、计量、记录和报告的程序。

（4）询问财务报表中所有重要的认定。

（5）实施分析程序，以识别异常关系和异常项目。

（6）询问股东、董事会以及其他类似机构决定采取的可能对财务报表产生影响的措施。

（7）阅读财务报表，以考虑是否遵循指明的编制基础。

（8）获取其他注册会计师对被审阅单位组成部分财务报表出具的审计报告或审阅报告。

第二节 会计政策、会计估计变更和会计差错更正审计

【情景案例】

证券代码：000560 证券简称：昆百大 A 公告编号：2018-035 号

昆明百货大楼（集团）股份有限公司关于会计政策变更的公告

本公司及董事会全体成员保证信息披露内容的真实、准确和完整，没有虚假记载、误导性陈述或重大遗漏。

昆明百货大楼（集团）股份有限公司（以下简称“公司”）于 2018 年 4 月 24 日召开第九届董事会第十五次会议，审议通过了《关于会计政策变更的议案》。本次会计政策变更具体情况如下：

一、本次会计政策变更概述

1. 变更原因

2017 年 4 月 28 日，中华人民共和国财政部（以下简称“财政部”）发布了《关于印发〈企业会计准则第 42 号——持有待售的非流动资产、处置组和终止经营〉的通知》，要求自 2017 年 5 月 28 日起在所有执行企业会计准则的企业范围内执行；2017 年 12 月 25 日，财政部发布了《关于修订印发一般企业财务报表格式的通知》，针对 2017 年施行的《企业会计准则第 42 号——持有待售的非流动资产、处置组和终止经营》和《企业会计准则第 16 号——政府补助》的相关规定，财政部对一般企业财务报表格式进行了修订，要求执行企业会计准则的非金融企业按照企业会计准则和该通知要求编制 2017 年度及以后期间的财务报表。按照上述通知及上述企业会计准则的规定和要求，公司对原会计政策进行相应变更。

2. 变更日期

根据财政部上述通知及上述企业会计准则的规定，公司于上述文件规定的起始日开始执行上述企业会计准则。

3. 变更内容

本次变更前，公司执行财政部发布的《企业会计准则——基本准则》和各项具体会计准则、企业会计准则应用指南、企业会计准则解释公告以及其他相关规定。

本次变更后，公司将按照财政部发布的《企业会计准则第 42 号——持有待售的非流动资产、处置组和终止经营》和《关于修订印发一般企业财务报表格式的通知》的规定执行，其他未变更部分，仍按照财政部前期颁布的《企业会计准则——基本准则》和各项具体会计准则、企业会计准则应用指南、企业会计准则解释公告以及其他相关规定执行。

二、本次会计政策变更对公司的影响

根据上述通知及上述企业会计准则的规定，公司将修改财务报表列报，对于施行日存在的持有待售的非流动资产、处置组和终止经营，按照未来适用法处理。在资产负债表中新增“持有待售资产”、“持有待售负债”项目，在利润表中新增“资产处置收益”、“（一）持续经营净利润”和“（二）终止经营净利润”项目。

公司 2017 年年度财务报表中因非流动资产处置，调减“营业外收入”9 200 525. 70元，调减“营业外支出”2634339. 13 元，调增“资产处置收益”6566186. 57 元；公司 2016 年年度财务报表中因非流动资产处置，调减“营业外收入”634208. 52 元，调减“营业外支出”2299546. 34 元，调减“资产处置收益”1665337. 82 元。

本次会计政策变更仅对财务报表项目列示产生影响，对公司当期及前期的损益、总资产、净资产不产生影响。

三、本次会计政策变更的审批程序

公司 2018 年 4 月 24 日 分别召开的第九届董事会第十五次会议和第九届监事会第十次会议审议通过了《关于会计政策变更的议案》。公司独立董事发表了同意的独立意见。该议案无需提交公司股东大会审议。

四、董事会、独立董事及监事会意见

1. 董事会关于本次会计政策变更合理性的说明

公司本次会计政策变更是根据财政部修订及颁布的最新会计准则进行的变更，本次会计政策的变更及其决策程序符合有关法律、法规的相关规定，不存在损害公司及股东利益的情形。

2. 独立董事关于本次会计政策变更的意见

本次会计政策变更是公司根据财政部相关文件要求进行的合理变更。本次变更符合财政部、中国证券监督管理委员会、深圳证券交易所的相关规定，能够客观、公允地反映公司的财务状况和经营成果。本次会计政策变更的决策程序符合有关法律法规和公司章程等规定，不存在损害公司及股东利益的情形。独立董事同意本次会计政策变更。

3. 监事会对于本次会计政策变更的意见

本次会计政策变更是公司根据财政部相关文件要求进行的合理变更，符合《企业会计准则》及相关规定，符合公司实际情况。本次会计政策变更的决策程序符合有关法律、法规及公司章程的相关规定，不存在损害公司及股东利益的情形。监事会同意公司本次会计政策变更。

五、备查文件目录

1. 第九届董事会第十五次会议决议；

2. 第九届监事会第十次会议决议；

3. 经独立董事签字的独立董事意见。

特此公告。

昆明百货大楼（集团）股份有限公司董事会

2018 年 4 月 26 日

资料来源：同花顺财经网：《昆百大 A：关于会计政策变更的公告》。

◎**思考问题：**

昆明百货大楼为什么要进行会计政策变更？此次变更后的影响是什么？

一、明确会计政策、会计估计和会计差错的概念

（1）会计政策是指企业在会计确认、计量和报告中多采用的原则、基础和会计处理方法。

（2）会计政策变更是指企业对相同的交易或者事项由原来采用的会计政策改用另一会计政策的行为。

（3）会计估计是指企业对结果不确定的交易或者事项以最近可利用的信息为基础所作的判断。

（4）会计估计变更是指由于资产和负债的当前状况及预期经济利益和义务发生了变化，从未对资产或负债的账面价值或者资产的定期消耗金额进行调整。

（5）会计差错是指在会计核算时，由于计量、确认、记录等方面出现的错误。经济事项或交易进入会计系统后，经过确认、计量、记录和报告，输出对信息使用者有用的会计信息。在确认、计量、记录过程中由于种种原因会产生差错。会计差错分为以下两类：1. 重大会计差错，对于发生的重大会计差错，如影响损益。应计入“以前年度损益调整”科目，应将其对损益的影响数调整发现当期的期初留存收益，会计报表其他相关项目的期初数也应一并调整；如不影响损益，应调整会计报表相关项目的期初数。2. 非重大会计差错，是指不足以影响会计报表使用者对企业财务状况、经营成果和现金流量表作出正确判断的会计差错。

二、对于会计政策、会计估计变更和会计差错更正的审计

（1）确定会计政策、会计估计变更和会计差错更正是否合理；

（2）确定会计政策、会计估计变更和会计差错更正的会计处理是否得当；

（3）确定会计政策、会计估计变更和会计差错更正的披露是否恰当。

三、会计政策、会计估计变更和会计差错更正的审计程序

（1）取得被审计单位提供的会计政策、会计估计，与前期的会计政策、会计

估计进行比较，判定会计政策、会计估计的变更；

(2) 获取并审查被审计单位的会计政策、会计估计变更和会计差错更正的相关资料，判断其的合理性；

(3) 审查会计政策、会计估计变更和会计差错更正有关的会计处理记录，明确其是否正确；

(4) 检查会计政策、会计估计变更和会计差错更正的信息披露是否恰当。被审计单位发生会计政策、会计估计变更和会计差错更正的时候，应当在会计报表附注中披露会计政策、会计估计变更的内容和理由，会计政策、会计估计变更的影响数或影响数不能确定金额的理由，以及会计差错的更正金额。

第三节　关联方交易审计

一、关联方交易审计的定义

关联方交易审计是对关联方交易的完整性、存在性与合法性进行的审查验证。

二、关联方交易审计特点

(一) 审计风险大

这种审计风险表现在固有风险、控制风险和检查风险上。从固有风险看，由于我国某些上市公司没有建立关联方交易的约束机制，而现有的法律、法规除对关联方及其交易要求披露之外，未作其他规定，造成关联方及其交易的固有风险很大。从控制风险看，由于局部利益的驱使，关联方交易存在相互转移收入和费用的行为，并利用价格调节利润，使资金使用不遵循有偿原则等，造成了关联方及其交易的控制风险大。从检查风险看，某些上市公司利用关联方交易大做文章，使关联方交易量大且复杂，给注册会计师设置了障碍，加大了获取审计证据的难度，提高了关联方及其交易审计的检查风险。

(二) 审计难度大

1. 由于关联方的界定不清使审计难度加大。
2. 不正常的交易使审计难度加大。
3. 未予披露的关联方交易也使审计难度加大。
4. 审计具有连续性。

在关联交易的主要事项中，如购货、销货、应收应付款项等，一般应当披露连续两年的比较资料。这使得在今后年度审计过程中，当上市公司变更会计师事务所时，后任会计师事务所对初期有关关联方关系及其交易的审计证据的取得，应该和资产负债表期初余额确认方法一致。从关联方交易的审计实践中，也体现出审计连续性的特点。

三、审计重点

（一）关联方的识别

关联方审计的难点在于发现关联方关系，只要找到了所有关联方，审计也就有了清晰的线索。注册会计师在签订审计业务约定书和制订审计计划时，要对被审单位的情况进行全面了解，并实施以下程序来确定被审单位存在已知或潜在的关联方及其交易：

1. 审查以前年度审计工作底稿。以前年度工作底稿中确认的关联方，在本期如未发生变动，则仍视其为关联方；而以前年度未作为关联方记录的其他企业则有可能成为企业的关联方。

2. 了解、评价被审单位识别和处理关联方及其交易的程序。

3. 查阅主要投资者、关键管理人员名单，这有助于注册会计师正确判断他们与企业的交易对企业利润的影响。

4. 查阅股东大会、董事会会议及其他重要会议记录，使注册会计师能认别控制、共同控制或对被审单位实施重大影响的关联方。

5. 询问前任注册会计师，从而提高审计效率，但仍要对询问结果进行审核。

6. 审核所审会计期间的重大投资业务或债务重组业务，确认投资和重组的性质是否构成新的关联方关系。

7. 审核所得税申报资料。若被审单位报税过高或过低，说明可能存在以转移利润为由的关联方交易。

（二）对关联方交易的识别

判断关联方交易存在的标准不是金额大小，而是会计上的风险和报酬的转移。由于被审单位可能会故意隐瞒关联方，因此，注册会计师应实施专门审计程序来识别关联方交易。

1. 查阅股东大会、董事会会议及其他重要会议记录。

2. 询问有关当局重大交易时的具体情况。

3. 审阅被审单位管理当局说明书。

4. 了解被审单位与其主要顾客、供应商和债权人、债务人交易性质及范围。

5. 了解是否存在已发生但未进行会计处理的交易。

6. 查阅会计记录中数额较大的异常或不常发生的交易。

7. 审阅有关存款、借款询证函，检查是否存在担保。

（三）对被审关联方内部控制制度进行符合性测试

1. 了解、描述关联方交易内部控制。
2. 查明并确定已授权或拟授权的关联方交易。
3. 抽样检查关联方交易的原始凭证。
4. 检查董事会和关键管理人员提供的所有资料，从而确定关联方交易的完整性。
5. 审查机器设备或建筑物等购销业务的会计确认计量记录。
6. 审查关联方之间的代理、租赁、资金借贷业务。
7. 审查支付给关键管理人员报酬的金额和方式有无不合理。
8. 评价关联方内部控制制度。如果被审单位关联方交易的内部控制较好，可以减少实质性测试，否则应增加实质性测试。

（四）对被审单位关联方交易进行实质性测试

1. 审查被审单位与其关联方之间发生的购销活动、劳务支出、租赁业务，确定其交易价格是否公平，相关的原始凭证是否齐全。
2. 审查被审单位与其关联方之间资金往来的有关合同、文件，核实资金是否被无偿占用，检查债权、债务的真实性、合法性和完整性。
3. 审查有关担保、抵押协议，查看担保抵押品是否存在。
4. 审查被审单位与其关联方之间研究开发项目及其项目转移价格是否偏离真实价格。
5. 审查被审单位会计报表附注是否对关联方交易予以披露，披露是否完整。

（五）检查已确认的关联方交易

注册会计师在根据被审单位关联方交易目的、性质、范围和对报表影响程度形成审计意见前，还需检查重大关联方交易，并考虑执行附加的审计程序：
1. 向关联方询证交易的条件和金额。
2. 检查关联方所持的证据。
3. 向与经济业务有关人员证实有关问题。
4. 从重大往来款及抵押物中获取被审单位关联方的偿债能力。

（六）关联方交易及其声明书

向被审单位管理当局索取关联方及其交易的声明书，以明确注册会计师与被审单位管理当局各自应负的责任。

（七）审计意见的形成

注册会计师要根据审计结果形成无保留的审计意见或保留意见、拒绝意见或否定意见。

第四节　首次接受委托对期初余额的审计

一、期初余额审计的定义

期初余额审计是在会计师事务所首次接受委托时，必须对被审单位会计报表的期初余额进行审计。但应明确的是审计人员一般不需专门对期初余额发表审计意见。由于期初余额是被审期间会计数据的重要基础，审计人员必须对其进行验证和确认，并充分考虑期初余额审计形成的相关结论对所审会计报表的影响，以决定发表审计意见的类型。因此，期初余额的审核是审计报告出具前重要的审计环节。

二、进行期初余额审计的时间点要求

一般是首次接受委托，我们需要进行期初余额的审计。比如说被审计单位也是首次接受审计，或者说是被审计单位更换了注册会计师，也就是说不管对谁来说，彼此都是新的，陌生的，我们就需要进行期初余额的审计，注意虽然说是对期初余额进行审计，但是我们无须专门针对期初余额发表审计意见。

三、期初余额审计的实质

注意不要把期初余额简单地理解成上期的期末余额，因为许多时候会在此基础上做出一个调整，我们看期初余额，一看金额结转，二看会计政策的运用和反映，看看会计政策的运用是否得到一贯执行，会计政策的变更是否已经进行了恰当的列示和披露。

四、期初余额审计的必要性

对期初余额进行审计，是因为期初余额也是财务报表中的一部分，我们既然要对财务报表发表审计意见，那么期初余额也包括在其中，如果其有错报，也会影响整体财务报表的可靠性，另外期初余额很有可能对期末或者本期的收益也会产生一定的影响。比如说固定资产，如果期初就错了，那么本期计提折旧的基础就错了，对期末余额也会造成一定的影响，因此期初余额还是很重要的。

五、期初余额的审计目标

一看是否存在对本期产生重大影响的错报，二看会计政策的选择和运用，以及会计政策的变更是否得到恰当的披露。

六、针对期初余额实施的审计程序

审计程序是针对审计目标来的，所以针对金额，我们看有无正确结转或者做适当的重述，针对会计政策，我们看前后各期是否一致，不一致有变更有无作出披露；另外还有一些特殊的审计程序，比如如果上期是由其他注册会计师审计的，查阅前任注册会计师的审计底稿，评价本期实施的审计程序能否获取充分适当的审计证据；针对一些特殊的资产实施专门的审计程序，比如流动资产和流动负债，在本期实施的审计程序能获取部分审计证据，针对非流动资产，由于变动比较小，我们可以检查形成期初余额的一些记录，或者是向第三方实施函证等程序，在一些特殊的情况下，我们还需要实施追加的审计程序以获取充分适当的审计证据。

七、审计结论和审计报告的考虑

针对审计范围受限，不能获取充分适当的审计证据，发布保留或者无法表示意见；期初余额存在对本期影响的重大错报，应告知管理层，如果是由前任审计的，应当提请给管理层告知前任注册会计师并进行三方会谈，如果错报未得到恰当的列报和处理，发表保留或者否定意见审计报告。

会计政策的变更看看有无列示和披露，如果没有，则发表保留或者否定意见审计报告；如果前任注册会计师对上期财务报表发表了非无保留意见审计报告，如果导致发表非无保留事项的影响仍然重大并存在，继续发布非无保留意见审计报告，如果已经消除或者影响不大，可以不再发表非无保留意见审计报告。

◎ 知识小结

本章节主要介绍了财务报表审阅业务、会计政策、会计估计变更和会计差错更正审计、关联方交易审计以及期初余额审计的相关知识。

◎ 课后练习

一、简答题

1. 什么是财务报表审阅业务？
2. 审计业务和审阅业务的区别是什么？
3. 简述会计政策、会计估计变更和会计差错更正审计。
4. 什么是关联方交易审计？

5. 期初余额审计的时间点要求是什么？

6. 期初余额审计的审计程序是什么？

二、单项选择题

1. 注册会计师对财务报表进行审计时，一般无须专门对期初余额发表审计意见。在以下对其含义进行的各种表述中，不正确的表述是(　　)。

A. 如期初余额存在影响本期报表的重大错报，则应在审计意见中反映

B. 如期初余额不存影响本期财务报表的重大错报，则无须在审计意见中反映

C. 无论期初余额是否存在影响本期报表的重大错报，都应在审计意见中反映

D. 即使期初余额存在重大错报，也可能不在审计意见中反映

2. 正达会计师事务所 2007 年 3 月 18 日签发了达正公司 2006 年度财务报表的审计报告，达正公司于 3 月 30 日将已审财务报表与审计报告一同对外公布。此后，正达会计师事务所的注册会计师知悉达正公司的下列情况。其中，应当采取相应行动的是(　　)。

A. 3 月 25 日发生火灾，损失重大

B. 4 月 5 日，H 公司因质量问题全部退回了上月 21 日自达正公司购买的大额商品

C. 3 月 28 日，法院判决达正公司因上年的技术侵权而应向 K 公司支付巨额赔款

D. 3 月 31 日，达正公司以比上年末暂估价略高的价格向供应商支付了设备款

3. 注册会计师彭樱在外勤审计工作结束、离开被审计单位 A 公司之后，获悉 A 公司发生了重大的火灾，损失严重，因此择日返回 A 公司进行审计。在实施了必要的审计程序后，彭樱认为尽管火灾造成的损失很大，但绝大部分损失已由保险公司赔偿，因而对被审计单位并未造成重大的实际影响。对此，彭樱应当(　　)。

A. 进行审计报告日的双重签署

B. 更改审计报告的日期

C. 不因此而改变审计报告的日期

D. 要求被审计单位在附注中披露

4. Q 公司于 2005 年度根据中级人民法院判决结果对其担保责任计提了 3000 万元预计负债。2006 年 5 月，经高级人民法院终审裁定 Q 公司应承担赔偿责任总额为 1000 万元，Q 公司据此确认为营业外收入 2000 万元。对此注册会计师的审计结论应当是(　　)。

A. 建议 Q 公司借记预计负债 2000 万元

B. 建议 Q 公司借记营业外收入 2000 万元

C. 建议 Q 公司贷记营业外支出 2000 万元

D. 无须建议 Q 公司进行调整

5. 项目质量控制复核是指在出具报告前，对项目组作出的重大判断和在准备报告时形成的结论作出客观评价的过程，以下对项目质量控制复核表述不恰当的是(　　)。

A. 可以消除妨碍注册会计师正确判断的偏见，做出符合事实的审计结论

B. 实施对审计工作结果的最后质量控制，能避免对重大审计问题的遗留或对具体审计工作理解不透彻等情况，从而形成与审计工作结果相一致的审计意见

C. 可以确保审计意见的恰当性，消除审计风险，做出符合事实的审计结论

D. 严格保持整体审计工作质量的一致性，确认该审计工作已达到会计师事务所的工作标准

6. 如果下列(　　)事项发生在资产负债表日之后，被审计单位应当调整其财务报表的相应金额。

A. 发行大量的债券或权益性证券

B. 接到关于上年被起诉案件的终审判决，判决进行大额赔偿

C. 所拥有的某原材料市价持续严重下跌，近期回升

D. 下一年度的某些会计政策和会计估计将会有重大改变

7. 编制大地公司的审计计划时，注册会计师王华应当从(　　)等方面关注大地公司在财务方面存在的可能导致对其持续经营能力产生疑虑的事项或情况。

A. 因自然灾害、战争等不可抗力因素遭受严重损失

B. 关键管理人员离职且无人替代

C. 失去主要市场、特许权或主要供应商

D. 无法获得供应商的正常商业信用

三、多项选择题

1. 注册会计师在财务报表审计中，对期初余额进行适当的审计，(　　)。

A. 是为了对期初余额发表审计意见而进行的

B. 并不是为了对期初余额发表审计意见

C. 是注册会计师在财务报表审计中必须完成的一项工作

D. 可能会影响审计意见的类型

2. 为发现审计年度必须弄清的期后事项，注册会计师应当向被审计单位管理层询问(　　)。

A. 根据初步或尚无定论的数据做出会计处理的项目的现状

B. 资产是否被政府征用或因不可抗力而遭受损失

C. 是否已做出或考虑做出异常的会计调整

D. 被审计单位资产负债表日后编制的内部报表

3. 在完成审计外勤工作时，则需项目合伙人对审计工作底稿实施复核，其主要内容包括(　　)。

A. 复查计划确定的重要审计程序是否适当，是否得以较好实施，是否实现了审计目标

B. 复查对建议调整的不符事项和未调整不符事项的处理是否恰当

C. 复核审计工作底稿中重要的勾稽关系是否正确

D. 复核已审财务报表总体上是否合理、可信

4. 李明在检查 A 公司某或有事项时，发现 A 公司因该或有事项确认需要向 B 公司支付 80 万元的款项，因而确认预计负债 80 万元，同时 A 公司已基本确定应该或有事项可以从 C 公司获得 60 万元的补偿金。A 公司对此进行的如下(　　)会计处理李明可以认同。

A. 借记“营业外支出”、贷记“预计负债”80 万元

B. 借记“其他应收款”、贷记“营业外支出”60 万元

C. 借记“营业外支出”、贷记“预计负债”20 万元

D. 借记“营业外支出”80 万元、贷记“营业外收入”60 万元、“预计负债”20 万元

5. 在以下不符事项中，注册会计师最终会建议被审单位进行调整的有(　　)。

A. 金额超过报表层重要性水平的

B. 金额不超过报表层重要性水平但超过项目层重要性水平的

C. 性质重要的但金额不超过项目层重要性水平的

D. 性质不重要且金额不超过项目层重要性水平的

6. 被审单位是上市公司，其财务报告批准报出日为次年 4 月 30 日，该公司在资产负债表日后发生以下事项，其中属于非调整事项的有（　　）。

A. 接到某债务人 1 月 28 日发生一场火灾，导致重大损失，以至于不能偿还货款的通知，该公司已将此货款于资产负债表日计入应收账款

B. 外汇汇率发生较大变动

C. 已登记为报告年度的销售货物被退回

D. 发行债券筹资

7. 如果被审计单位管理层拒绝就对财务报表有重大影响的某类事项提供必要的书面声明，或拒绝就重要的口头声明予以书面确认，注册会计师应将其视为审计范围受到重要限制并出具(　　)审计报告。

A. 带强调段的无保留意见　　B. 保留意见

C. 无法表示意见　　　　　　　　　　D. 否定意见

四、综合题

材料：

北京天天会计师事务所于 2017 年 2 月 5 日接受了 ABC 股份有限公司 2016 年度财务报表的审计委托。该公司注册资本为 2000 万元，2016 年 12 月 31 日未经审计的资产总额为 5000 万元。天天会计师事务所委派注册会计师秦明、吴琼执行 ABC 公司的审计业务。他们在计划阶段确定的重要性水平为 90 万元，在完成阶段确定的重要性水平为 100 万元，并于 2017 年 3 月 10 日完成了外勤审计工作。在复核工作底稿时，发现以下事项，提出了相应的处理建议，但 ABC 公司管理层于 3 月 15 日正式答复秦明、吴琼拒绝接受他们的处理建议。

（1）由于 ABC 公司是一座建于 1980 年、原值 200 万元、预计使用年限 50 年、已提折旧 140 万元的办公大楼。因不明原因出现裂缝（采用直线法计提折旧），经过专家鉴定后进行了及时维修，并将原预计使用年限改为 40 年，因此从 2016 年起改变年折旧率，并进行了必要的账务调整。但 ABC 公司拒绝在 2016 年报表中作任何披露；

（2）ABC 公司在国外一家联营企业内据称有 90 万元的投资，当年取得投资收益为 35 万元，这些金额已列入 2016 年的净收益中，但秦明、吴琼未能取得联营企业经审计的财务报表及函证回函。此外，由于 ABC 公司拒绝提供与此项投资相关的协议、合同以及会计记录，秦明、吴琼也未能采取其他程序查明此项投资和投资收益的真实性；

（3）ABC 公司全部存货总额为 2500 万元，放置于邻近单位仓库内。由于仓库倒塌，尚未清理完毕，不仅无法估计损失，也无法实施监盘程序；

（4）由于 ABC 公司存货使用受到仓库倒塌的限制，正常业务受到严重影响，因而无力支付 2017 年 4 月 10 日即将到期的 110 万元债务，也没有预付下年度的 50 万元广告费。这些情况均已在财务报表附注中进行了充分、适当的披露；

（5）2016 年 10 月，ABC 公司被控侵犯 X 公司的专利权，X 公司要求收取 ABC 公司专利权费和罚款。2017 年 3 月 5 日，经庭外调解，双方同意 ABC 公司向 X 公司赔偿 15 万元，ABC 公司拒绝就此调整其 2016 年度财务报表。

要求：

（1）逐一分析上述情况，分别针对每种情况指出应出具的审计意见类型，并简要说明理由。

（2）仅考虑情况（2）、（4），代注册会计师草拟审计报告。

参考文献

1. 陈汉文：《审计理论》，北京：机械工业出版社，2009。
2. 张彤杉：《审计学》，北京：清华大学出版社，2007。
3. 袁小勇，陈群：《审计学》，北京：首都经贸大学出版社，2007。
4. 文硕：《世界审计史》，北京：企业管理出版社，1998。
5. 朱荣恩：《审计学》，北京：高等教育出版社，2005。
6. 宋常：《审计学》，北京：中国人民大学出版社，2011。